SOCIÉTÉ ARCHÉOLOGIQUE & HISTORIQUE
DE L'ARRONDISSEMENT D'AVESNES

AVESNES

PENDANT

L'OCCUPATION ENNEMIE

1914-1918

PRIX : 8 Francs

AVESNES

IMPRIMERIE DE "L'OBSERVATEUR"

1925

SOCIÉTÉ ARCHÉOLOGIQUE & HISTORIQUE
DE L'ARRONDISSEMENT D'AVESNES

AVESNES

PENDANT

L'OCCUPATION ENNEMIE

1914-1918

AVESNES
IMPRIMERIE DE " L'OBSERVATEUR "
1925

La Société Archéologique et Historique de l'Arrondissement d'Avesnes, laisse à chacun des auteurs des travaux insérés dans les volumes qu'elle publie la responsabilité de ses opinions et de ses appréciations.

L'Arrivée des Allemands

à AVESNES - Août 1914

Notes communiquées par les Dames de la Croix-Rouge

19 août. — Les nouvelles qui arrivent de Belgique sont alarmantes. Les troupes de concentration qui emplissaient la ville l'ont quittée. La réserve part à Maubeuge.

Notre hôpital de la Croix-Rouge est installé. L'organisation est parfaite. Les bonnes volontés abondent.

20 août. — Il n'y a plus de doute, l'invasion se fait par la Belgique ; ils arriveront droit sur nous. La défense de Maubeuge est merveilleusement organisée, raconte-t-on. On a abattu tout ce qui pouvait entraver la défense militaire. Des réseaux de fils de fer barbelés sont disposés encerclant la ville, avec courant électrique. On entasse là-bas des troupeaux entiers que nous voyons passer. « Maubeuge est imprenable ».

21 août. — La correspondance ne se fait guère. Nous sommes sans nouvelles des maris, des enfants, des hommes partis le 1er août au premier appel.

Nous avions pensé rester groupés ici en famille pour faire face à l'occupation, comme d'autres l'ont fait en 70, mais les détails qui arrivent de Belgique sont effrayants. Malgré le déchirement nous éloignons les enfants, les personnes âgées pendant qu'il en est encore temps. Nous les mettons au train le 22.

23 août. — Beaucoup de départs. On cite les noms. Cela jette un certain froid. D'autres personnes cependant ne veulent pas croire à l'invasion.

24 août. — Chaque jour des vides se font parmi les

Dames de la Croix-Rouge. On remplace comme on peut.

De grands passages de troupes françaises. Cela rend certaine confiance. Evidemment il y aura une bataille, on arrêtera peut-être l'envahisseur. Saluons au passage France Derode, le général Marchand.

Les vides continuent à se faire parmi les Dames de la Croix-Rouge. On les comble au fur et à mesure.

A 11 heures du matin, premier arrivage de blessés : des cultivateurs les ont relevés de ci de là et nous les amènent dans des chariots.

A 6 heures, 50 blessés ; à 11 heures du soir, 150. On s'empresse, on les case tous au mieux. On fait en hâte les premiers pansements, on les nettoie. Ils sont couverts de poussière, harassés de fatigue.

Les bruits les plus terribles arrivent de Belgique et sont corroborés par l'aspect des routes ; sur les bas côtés se succèdent, flot ininterrompu, des piétons minables, des familles partant affolées emportant ce qu'elles ont de plus précieux, tirant des enfants, poussant des charrettes, des bestiaux. Le milieu de la chaussée est encombré tantôt de troupes, canons, mitrailleuses, tantôt d'autos portant des enfants, des femmes les cheveux au vent. C'est la fuite, la fuite ininterrompue, la peur partout.

A la Croix-Rouge nos docteurs sont en fonctions. Mais à peine les blessés sont-ils pansés et réconfortés qu'on vient les charger, on les emmène en hâte plus loin.

25 août. — Journée affolante. Les blessés arrivent en masse : au Couvent de Ste-Thérèse, à l'Hospice, au Collège qui a arboré le drapeau de la Croix de Genève.

Madame Lefèvre, infirmière-major de l'Union arrive de Solre-le-Château. Elle nous fait un récit tragique de l'encombrement des blessés à l'hôpital de secours de cet endroit, où manquait l'indispensable pour les soins à donner aux blessés. Départ du dernier train d'Avesnes. Tous les blessés valides y sont conduits par un Père Blanc, aumônier des blessés du Collège, et une Dame de la Croix-Rouge. Le train est comble. Impossible de faire monter les blessés. Ils seront faits prisonniers... A force d'insistance la Dame de la Croix-Rouge et le Père Blanc obtiennent qu'on ajoute deux wagons. Le Sous-Préfet intervient dans le même sens. Ils partent...

Il faut avoir vécu cette heure tragique pour en comprendre l'angoisse... Ce dernier train parti, c'était pour la population la rupture du dernier lien avec le reste de la France. Aussi on s'affole. Ceux qui ne voulaient pas croire à l'invasion cherchent des moyens enfantins de départ ; on grossit la foule des émigrants aux récits terrifiés.

25, soir. — Les Allemands approchent. Ils sont à Beaumont. Tout le monde se le répète. On ne sait rien de précis. Cette attente est énervante.

Le Médecin-Chef pose la question de licencier l'hôpital. Il reste quelques grands blessés qui n'ont pu être évacués. Du reste il en arrive à tout instant. Les Dames de la Croix-Rouge décident de rester. Une automobile militaire vient encore charger ce qu'elle peut des derniers blessés. Elle promet de revenir, si elle peut... chercher les autres. Elle ne devait plus revenir.

Avesnes est survolé par un Taube.

L'artillerie du 26ᵉ corps est campée au Marché aux Bestiaux, elle part dans la nuit. Il arrive 3 blessés anglais.

26 août. — A 4 heures du matin le Maire fait sonner l'évacuation. Panique. Sauve qui peut général. Ceux qui ont des caves s'y enferment, les autres fuient encore sur les routes, d'autres dans les pâtures et se blottissent derrière les haies.

M. l'Aumônier de Bagatelle enlève les Stes Espèces, les rapporte à Ste-Thérèse. La Supérieure tient conseil et se demande s'il faut soustraire ses sœurs à l'arrivée de l'ennemi ? Il est trop tard, il faut rester. Du reste il y a des blessés, on va descendre avec eux dans les souterrains.

Les Allemands sont à Solre, Felleries, Cartignies. Ils arrivent de partout... Ils brûlent les fermes sur leur passage et l'église de Felleries.

A la Croix-Rouge on attend... Tout le monde est à son poste. Que va-t-il arriver.

On bombarde la ville. Quelques obus tombent sur l'Eglise, sur le couvent de Ste-Thérèse, sur quelques maisons : un obus arrive percer le mur de l'Eglise, juste au-dessus de l'autel de la Vierge et y fait une large ouverture, sans endommager les Watteau. Des balles crépitent sur la Croix-Rouge.

La Présidente organise des abris avec des matelas autour des grands blessés. On tire dans les rues...

Des Uhlans passent devant la Croix-Rouge, au pas de parade, sur des chevaux magnifiquement harnachés. Les grilles de la Croix-Rouge sont fermées. Nous sommes groupées dans le vestibule avec une grande partie du personnel.

La petite porte du côté droit s'ouvre et laisse passage à un homme affolé qui arrive vers nous en courant comme un dératé : c'est l'Espagnol, un brave forain surpris à Avesnes par la déclaration de guerre et enrôlé au service de la Croix-Rouge. Il est terrifié : il raconte qu'un Uhlan a été tué devant la maison Brotonne et que cette maison flambe.

Ils ont un système très perfectionné pour faire flamber les maisons : quelques pastilles, des petits fagotins à composition chimique savante, un léger arrosage de pétrole ; ils ont des spécialistes pour ce genre de travail.

Devant le Collège une pauvre sentinelle oubliée a fait feu. Ils incendient le Collège où va s'anéantir avec tout le matériel scolaire, le musée de peinture transféré dans les salles supérieures.

Un détachement de troupes allemandes s'arrête devant la grille de la Croix-Rouge et ouvre la grand'porte : vont-ils tirer ? Un chef s'avance vers nous : « Les habitants ont tiré « sur les troupes, dit-il en français, nous devons mettre « le feu ».

« Les habitants n'ont pas d'armes et n'ont pas tiré, répon- « dons-nous. Les soldats qui ont tiré ont fait leur devoir « de soldat. Vous ne mettrez pas le feu ici parce que nous « avons des blessés et des malades ».

Il se retourne. Le reste de la troupe fait irruption, on va perquisitionner pour voir si nous ne cachons pas : des armes, des soldats, des munitions. Nous sommes encadrées de deux soldats, le révolver au poing et nous faisons une visite en règle des caves aux greniers. Pas plus rassurées qu'il ne fallait car nous ne connaissions qu'imparfaitement toutes les dépendances de l'hôpital et étions à la merci d'une cachette quelconque faite à notre insu. Aucun coin n'est oublié. Satisfaits de cette visite ils nous laissent...

Toutes nous regagnons avec précaution nos maisons pour le repas de midi. L'aspect de la ville est morne. On ne voit pas les Allemands. La ville paraît morte... Grand silence partout.

26, après-midi. — On se retrouve après-midi. Chacun raconte les nouvelles de son quartier. On s'est battu près de chez M. Gossart. Il y a eu des tués ; un blessé y est encore. Une Dame de la Croix-Rouge part avec 2 brancardiers et une civière : le Jeu de Balle et la Rotonde sont remplis de troupes campées.

Les routes de Sains, d'Etrœungt, de Landrecies, sont, aussi loin qu'on peut arrêter la vue, couvertes de troupes grises, serrées, denses, fleuve vivant.

A l'entrée de la route de Sains, à la croisée des chemins, des autos enguirlandées de fleurs contiennent un Etat-Major triomphant. Courtois, les officiers font s'écarter la troupe devant l'infirmière et les brancardiers, qui remplissent leur office.

Au passage on aperçoit ouvertes les maisons dont les habitants sont partis. Les Allemands y font ripaille. Des tables sont mises, somptueuses, couvertes de fleurs, le général Von Bulow est à la maison Deharveng.

26, soir. — Un accouchement est fait à l'hôpital de la Croix-Rouge, le soir de l'entrée des Allemands.

27 août. — Température de 25 à 30° ; un cheval tué reste sur la place. Personne ne s'occupe de l'enlever. La ville reste toujours avec son aspect mort. Les magasins et les portes fermées ont été ouverts à coup de hache et pillés. Les boulangeries ont été dévalisées. La bonne farine enlevée est remplacée par des sacs d'une farine infecte. Plus de boucherie, d'épicerie. Nous pensons à faire dépecer le cheval tué, pour nous procurer de la viande. Mais qui fera ce travail ? plus de boucher.

Un Uhlan tué devant chez Brotonne a été dévalisé, quelques rôdeurs pénètrent dans les maisons ouvertes, quelques individus exaltés par les événements, la chaleur, le vin, risquent de nous amener de l'ennui. Une petite proclamation est rédigée pour recommander le calme aux habitants. La Présidente fait sonner et accompagne le crieur pour donner plus de poids à cette recommandation.

La Croix-Rouge est le centre, c'est là que toute la vie

converge, qu'Allemands et Français viennent aux renseignements. Le brassard de la Croix-Rouge est une sauvegarde.

A la Mairie, on n'a trouvé que Sexe, dénommé «Tin-Tin» faisant office d'agent de ville.

Sur l'injonction des Allemands, il va chercher les Adjoints et le 28 on appelle à la Mairie quelques hommes de bonne volonté. On établit une permanence de jour et de nuit.

28 août. — On organise une commission. Premier soin, on recherche dans les maisons abandonnées la farine et l'épicerie.

L'hôpital de la Croix-Rouge contient plus de 100 blessés. Les Majors allemands assument la direction médicale. Nous restons à notre poste et gardons nos fonctions.

Le canon tonne.

29 août. — Les maisons fracturées par les Allemands sont livrées au pillage.

Les soldats boivent le vin dans les caves. Les rues sont jonchées de bouteilles vides. Il y en a partout ainsi que des détritus de tous genres.

Un Feldwebel allemand apporte des bouteilles de vin dans les salles de blessés. Madame la Présidente est menacée par cet homme et risque de recevoir un mauvais coup parce qu'elle interdit l'entrée du vin dans l'hôpital.

Mort d'un de nos petits blessés français. C'est le premier. Nous allons tous à son enterrement, tous les notables de la ville se joignent à nous, on apporte des fleurs. Nous sommes tous très émus. Chacun pense aux absents, à ceux qui ne reverront plus leur chez eux, à tous nos petits soldats qui meurent partout. Le convoi passe devant les ruines de la maison brûlée. Le canon tonne !!!

Et sur les routes passent de jour et de nuit non plus des émigrés, mais des files ininterrompues de troupes grises, de lourds chariots aux formes les plus diverses, des chariots lents et lourds ; ce sont bien les hordes des Huns qui envahissent la France, combien il y en a !!!

Par ordre : Les habitants sont prévenus qu'ils devront être rentrés à 9 heures du soir (8 heures de France) dans **leur maison.**

30 août. — Avec de nouveaux blessés arrive un Médecin-major prisonnier français, le Dr Povilewiez.

Encore des enterrements, 2 Français, 2 Allemands. Blessures affreuses, plaies suppurantes, gangrène, tétanos. Les morts se succèdent. Beaucoup de blessés sont ramassés trop tard. Les plaies souillées de terre, de poussière, sont infectées avant qu'on puisse intervenir. Soigner des blessés qu'on peut guérir et soulager c'est bien, mais se sentir impuissant, les voir mourir, les ensevelir, quelle tristesse !

31 août. — Les boulangers préviennent que la farine va manquer. Les troupes de passage s'installent partout, dans les maisons Herbecq, Lefour, Duval. Les soldats distribuent à tous ceux qui se présentent les marchandises des épiceries abandonnées, le linge et les vêtements qui s'y trouvent.

Déclaration de M. Saint-Huile, concierge du Collège, que M. Levacq, receveur municipal a versé entre les mains de M. Chauveau le mardi 25 août tout l'argent disponible de la ville, soit 50.000 francs et que M. Haimez, préposé en chef de l'octroi avait dû lui remettre environ 6.000 fr.

1er septembre. — Le commissaire de police est chargé de surveiller l'entrée de la caserne par où des civils passent pour piller. Départ du Médecin-major avec d'autres prisonniers. Le Major français prisonnier avait constaté une blessure faite avec balle explosive et la présence de baïonnettes en dents de scie.

2 septembre. — On manque de sel. Nous y obvions en faisant fondre des pierres de sel. Cette eau sert à assaisonner les aliments.

On taxe le beurre à 0.80 la livre, les œufs 2 fr. le quarteron, le fromage 0.10 le demi-litre, le Maroilles à 0.80, le lait 0.15 le litre, les prunes à 0.10 le litre.

3 septembre. — On trouve dans le bureau du Receveur de l'Hospice 17 titres de rente qui sont remis en garde à M. Naveau ; ce bureau avait été pillé le jour de l'invasion. La famine est imminente. La Commission municipale s'occupe activement des moyens de l'éviter. Nous commençons à manquer de bien des choses. Nous allons dans les

maisons voisines de la Croix-Rouge ouvertes et pillées déjà, chercher ce qui reste pour alimenter nos blessés.

4 septembre. — Réquisition des véhicules pour le transport des blessés vers la région de Fourmies.

6 septembre, dimanche. — M. le Doyen Lancelin apporte la Communion à tous les blessés qui le désirent. Vol chez Mme Deloffre. Le canon tonne !! Passage de troupes affamées qui envahissent l'Hôpital et exigent à manger.

7 septembre. — Rentrée du gardien-chef de la maison d'arrêt avec 13 prisonniers ; on loge des officiers et des chevaux ; chez MM. Thomas et Lefour on trouve là deux ouvriers qui pillaient.

On met des cadenas aux portes forcées des maisons où logent les officiers.

Plus de farine, plus de pain. Nous manquons de pharmacie. Toutes celles de la ville ont été vidées par les Allemands. Seule, celle de M. Chauveau est restée indemne. A l'arrivée des Allemands ils allaient y mettre le feu, apprenant qu'elle appartenait au Maire et que celui-ci était absent. M. Carbonnier expliqua que tout le quartier brûlerait. On consentit à l'écouter et une pancarte la préserva. La Présidente de la Croix-Rouge ouvre cette pharmacie avec M. le Dr Mercier et fait les préparations pharmaceutiques indispensables à l'hôpital.

8 septembre. — On trouve du sel !... Le canon s'est tû... Voilà 2 jours que Maubeuge s'est rendue ! Nous sommes atterrées ! Qu'y a-t-il eu ? Que s'est-il passé ? Est-ce une trahison ? Une place déclarée imprenable ! Nous pleurons. Nous ne savons rien. Nous ne voulons rien demander aux Allemands, ils sont plus arrogants que jamais. Ils plaisantent agréablement, appellent leur chien « Maubeuge ».

9 septembre. — On démonte les baraques des forains installées à la Rotonde depuis la ducasse.

10 septembre. — A partir de ce jour on supprime un repas à l'hôpital civil ; plus que 3 repas : petit déjeuner, repas de 11 heures, repas à 5 heures.

10 septembre. — Départ de blessés sur de grands cha-

riots. Ils nous quittent à regret... Où les emmène-t-on ? Arrivée de nouvelles troupes allemandes. Des Avesnois rentrent en masse. Ce sont des fuyards des derniers jours qui n'ont pu aller bien loin.

Un fou (allemand) est installé chez M. Siron, bas de la ville. Cerveau ébranlé par les événements. Il a peur. Il veut être entouré de tous ses soldats et veut mettre le feu partout. Intervention de M. Carbonnier.

Madame D... est envoyée en mission à Guise par Madame la Présidente.

Elle traverse les pays ravagés par les Allemands et a pour la première fois la vision horrible des restes d'un champ de bataille ; ces riantes plaines transformées en un spectacle de désolation ; débris d'attelages, d'autos, d'avions, cadavres de chevaux en putréfaction, effets militaires français, képis, sacs, fusils et partout des tombes...

A Guise les malheureux blessés entassés dans des abris insuffisants : Hôtel-Dieu, Familistère, etc... manquaient de tout et particulièrement de service sanitaire. Ils sont nourris par la charité publique. M. le Doyen de Guise est excessivement dévoué et se dépense pour organiser ce qui manque.

Ce récit émeut la Présidente, qui immédiatement fait une demande au Service médical d'Avesnes. Elle désire obtenir l'autorisation de porter des secours en tant que Croix-Rouge aux blessés de Guise.

11 septembre. — Incendie de la poudrière de 2 heures à 4 heures ½. Interdiction de pêcher dans la pâture Bénit, qui n'a pour cause que le pillage des maisons Tordeux et Vinois ; on met en état de recevoir des troupes l'ancienne Sous-Préfecture, l'Institut Villien, le grenier de l'Ecole maternelle, l'Ecole primaire des filles, l'Ecole des garçons, la Salle Vauban, la maison Cabaret, le Patronage de la Grimpette, les Filatures Lefour, Thomas et Sterbecq, le garage Lenain.

13 septembre. — Mort du Capitaine de Frayssex à l'hôpital de la Croix-Rouge. Enterrement solennel, nombreuse assistance. Les Allemands rendent les honneurs. Emouvant.

Beaucoup d'évadés de Maubeuge arrivent à Avesnes. Soldats en civil. Les uns se cachent, ne se font pas reconnaître, d'autres se dirigent vers la frontière pour reprendre du service. Retour du docteur Gardin avec l'auto de désinfection, de M. Saint-Huile et d'autres.

Les Allemands saisissent à Sains une feuille parlant d'une bataille dans la Marne. Ils ne veulent pas que certains détails arrivent aux pays envahis. On l'apporte à M. Carbonnier : il en lit les premières lignes. A la vue de sa surprise, les Allemands lui retirent immédiatement cette feuille des mains. Il en a assez vu pour qu'un peu d'espoir circule de proche en proche, sans qu'on ose y croire cependant.

19 septembre, samedi.— La Présidente a obtenu l'autorisation demandée. Les Allemands l'emmènent en auto à Guise en compagnie d'un officier et d'un soldat baïonnette au canon. Elle a la joie de porter une somme de 1.000 francs, soulageant ainsi la tâche si lourde des ambulances improvisées de Guise. Elle rapporte les lettres de tous ces malheureux blessés avides de communiquer avec leur famille. On les fera passer quand on pourra.

On a pu ensuite envoyer des vêtements, médicaments et pansements grâce à l'adresse et au dévouement d'une personne de Guise, Mme J...

Nos casemates sont pillées par les Allemands. Nous voyons partir toutes les réserves du 84ᵉ : vêtements, chaussures, etc. Nous réclamons mais en vain pour notre hôpital du linge dont nous avons tant besoin.

20 septembre. — La Commission siège au cercle civil, les généraux allemands occupant la Mairie. La Commission prévient les auteurs de pillages qu'il s'exposent à l'emprisonnement et aux poursuites judiciaires .

21 septembre. — Retour de MM. Thomas, Léger. Ils apportent des nouvelles de France ! Madame M... apprend incidemment que son mari est grièvement blessé. Elle cherche à partir immédiatement. Difficulté de trouver un véhicule. Tout est réquisitionné par les Allemands. Elle demande un laissez-passer pour traverser les lignes. Il est refusé. Elle part quand même, soi-disant en mission pour chercher des fournitures pharmaceutiques. Le jeune L..., en âge de servir, profite de ce départ pour traverser les lignes et aller s'engager. A cette date notre hôpital n'a plus que

2 blessés. Il est transformé en lazaret. Des religieuses allemandes s'y installent.

24 septembre. — Projet de réouverture des classes pour octobre. Celui qui coupera des fils télégraphiques sera fusillé sur le champ.
Mademoiselle Peteau rouvre deux classes à l'Ecole supérieure.

26 septembre. — La Commission décide de rétablir l'oc. troi ; M. Gambier est nommé préposé chef, les employés d'octroi sont convoqués.

27 septembre. — Les matelas appartenant à des particuliers et se trouvant à l'octroi de la gare sont transportés à la soupe populaire, chez Abraham.

29 septembre. — A loger 1.000 hommes et 40 chevaux à la caserne. Otages avec eux : MM. l'Abbé Polvent, Loiselet, Chappey, Trouche.

30 septembre. — A loger nouveau passage de troupes, refus des officiers de loger à la caserne ; on les met à la gendarmerie, à l'Institut Villien, à la Caisse d'Epargne, etc...
Le Général, prévoyant de nouveaux contingents de blessés, fait remettre l'hôpital en état par les Dames de la Croix-Rouge.

5 octobre. — La Commission rappelle aux vendeurs de lait que le prix fixé au litre est de 0.15 pour toute la durée de la guerre. La rentrée des classes est fixée au 7, les locaux ont été désinfectés.
Réquisition de 1.000 chemises, 1.000 caleçons, 1.000 boîtes de cirage, 1.000 paires de chaussettes, 1.000 paires de gants, 400 pardessus

9 octobre. — La monnaie allemande doit être acceptée par tout le monde pour la valeur : le mark 1 fr. 25.

10 octobre. — 1.400 hommes et 54 officiers. La ville fournit pour leur service 15 hommes payés par la ville à 0 fr. 35 l'heure.

11 octobre. — A ce moment on décrète l'enlèvement du drapeau de la Croix-Rouge, à l'Hôpital et aussi chez la

Présidente. Celle-ci proteste et refuse d'obéir à moins d'un ordre écrit du général. Comme on menace d'une forte amende imposée à la ville, elle cède...

12 octobre. — Arrivée d'un gouverneur attitré pour la région d'Avesnes, Von Mëhring. Il s'installe à la Sous-Préfecture, réquisitionne du mobilier et ce qui reste de vin dans les caves. Une note imprimée sur un placard rouge porte : « J'ai brûlé Orchies. Si Avesnes ne se tient pas bien, elle aura le même sort.

14 octobre. — Enlèvement des plantes de la serre de M. Cousin pour la Commandantur.

16 octobre. — On peint les guérites aux couleurs allemandes.

17. — Déresmes Jules lève les boîtes aux lettres de la ville et conserve la correspondance. La clef de la boîte de la Sous-Préfecture est remise au Gouverneur. Elle doit servir au dépôt de lettres pour les prisonniers français.

18 octobre. — M. Loiselet est désigné par le Gouverneur pour servir d'intermédiaire entre lui et la municipalité. Il est très affecté de cette fonction qui prête à la critique.

19 octobre. — Le beurre est taxé à 2 fr. 20 le kilog. Pour la première fois arrivent des nouvelles de Paris. Madame D... partie à bicyclette et après des péripéties sans nombre a pu au risque de sa vie, transporter toutes les lettres des blessés, donner à tant de familles le réconfort d'une nouvelle et elle en rapporte pour beaucoup. La Croix-Rouge installe un virement d'argent. Voici de quelle façon. Les personnes qui désiraient envoyer des lettres et de l'argent en France libre les remettaient à la Présidente Madame R... remettait un reçu. Quand Madame D... partait avec les correspondances transcrites sur papier pelure, elle emportait également une liste contenant la nomenclature des sommes à distribuer et le nom des destinataires. Elle *n'emportait pas d'argent*. Arrivée à Paris, elle envoyait les lettres, demandait une réponse immédiate sur papier léger et format spécial. Des personnes de France libre envoyaient alors à Madame D... de l'argent pour Avesnes, par virement cet argent était remis à la Croix-Rouge de

Paris qui se chargeait de l'envoyer aux adresses indiquées sur la liste apportée d'Avesnes. La Croix-Rouge d'Avesnes versait alors par virement les sommes laissées entre ses mains.

24 octobre. — Le Gouverneur fait boucher les souterrains de la Sous-Préfecture. Il ne veut plus que l'Eglise sonne aux demies.

26 octobre. — M. Escarmur a été collé au mur pour y être fusillé. Accusation d'avoir logé des soldats anglais.

27 octobre. — MM. Macqueron et Touron préviennent le Gouverneur de leur intention de reprendre les audiences. Réquisition de toutes bicyclettes et toutes voitures automobiles. Les pigeons doivent être supprimés.

31 octobre. — La Commandanture réclame les impôts.

3 novembre. — La Croix-Rouge française fait dire une messe pour les soldats de toutes nationalités. Distribution aux indigents des vêtements de laine laissés par les mobilisés.

6 novembre. — Les hommes de 18 à 48 ans doivent se déclarer. Réquisition pour des officiers logés maison Déprez: 12 cuillers, 12 fourchettes, 2 cafetières, 8 cuillers à café, 1 paquet..., 4 kilogs viande, 1 langue de bœuf, 2 kilogs beurre, café, sel, pommes de terre, œufs, fruits et légumes. Ces réquisitions se renouvellent à tout instant. Exhumation des Français et Allemands tués à l'invasion et enterrés sur place ; ils sont transportés au cimetière.

7 novembre. — Ordre sous peine de mort de livrer tous les militaires, Français ou Anglais, cachés depuis l'invasion.

11 novembre. — Le Chef de gare est envoyé prisonnier en Allemagne ; on ignore le motif.

13 novembre. — Soirée chez le Gouverneur en l'honneur d'une Altesse logée chez M. Cousin : lumière, fleurs, musique. Intermède : exhibition d'une femme colosse logée en roulotte depuis la ducasse.

14 novembre. — Une femme dénonce un individu errant dans les bois de Felleries. Cet homme n'attend pas d'être

II

arrêté, il se rend. Le maire est mis en demeure de dénoncer ceux qui ont nourri cet homme jusqu'alors, sous peine de prison.

16 novembre. — Tout chien rencontré sera tué et la commune passible d'une contribution.

17 novembre. — M. Moronval prépare le monument commémoratif du cimetière, sous la direction allemande.

18 novembre. — Réquisition pour des Officiers allemands: Il nous faut, nous voulons, vous avez : 1.000 couvertures.

19 octobre. — Retour de M. Schaeffer, Mesdames Dassonville et Lécot arrivant de Lille.

20 novembre. — Les troupes de la Landsturm remplacent celles de l'active. Vol chez M. Polvent par 3 soldats allemands.

22 novembre. — Inauguration du monument au cimetière.

25 novembre. — Défense de répandre des bruits de victoire française ; ces bruits sont faux. Il n'y a de vrai que les communiqués allemands. Les communes seront responsables des rumeurs circulant sur leur territoire. Les maires sont tenus d'arrêter tous les étrangers qui passent dans leur commune et d'en avertir la Commandanture.

26 novembre. — *Emission de papier monnaie.*
Ordre : Une commission, un membre par canton, vérifiera les budgets et remplacera la tutelle préfectorale qui fait défaut.

28 novembre. — Appel à la Suisse, sur conseil du Gouverneur, pour nous ravitailler par l'intermédiaire des Allemands.

30 novembre. — Emission de bons communaux avec autorisation du Préfet du Nord.

2 décembre. — Réquisition de laine : 12.595 kilogs à la filature Pecquériaux-Staincq ; 82.542 kilogs à la filature Cromback, 16.886 kilogs à la filature Pecquériaux.

2 décembre. — La circulation des marchands belges est

interdite dans l'Etape. Passage de trois soldats français arrêtés dans les environs d'Avesnes. Grande émotion en ville.

3 décembre. — 5 Anglais sont pris à Grand-Fayt, le Gouverneur parle d'infliger à la commune une amende de 100.000 francs.

4 décembre. — On amène 50 chiens policiers à la Commandanture pour chaque poste.

5 décembre. — Le gaz fait défaut à la Gendarmerie : Réparation par M. Petit. 32 prisonniers civils quittent la maison d'arrêt et sont envoyés en Allemagne.

6 décembre. — Réquisition des cuivres chez les particuliers, ils doivent être payés bon prix, argent comptant par l'autorité allemande.

8 décembre. — On brûle la bibliothèque de M. Pasqual. Réquisition de sapins pour Noël.

9 décembre. — Installation de mécaniciens allemands chez Deshayes. Mort de Madame Mouilleseaux (née Madeleine Descamps). Les cloches ne doivent plus sonner que sur l'ordre de la Commandanture. Fourniture de 20.000 bouteilles de vin à l'armée de Chauny.

14 décembre. — Consignation de 24.000 fr. pour fourniture de charbon pour la Commandanture (60 wagons). Réquisition chez M. Louis Staincq de 12 couverts à poisson.

16 décembre. — Arrivée de 600 émigrés. On les répartit par commune à raison de 1 pour 25 habitants.

17 décembre. — Arrivée de 155 balles de farine envoyée par M. Blavet. On ne peut circuler d'une commune à l'autre sans laissez-passer. Ordre de dénoncer tout militaire Anglais ou Français caché chez l'habitant .

18 décembre. — Maison Pécard occupée par des Allemands, place Guillemin.

20 décembre. — Arrivée de 9 émigrés. Aristide Debionne de Berlaimont a été fusillé pour des armes trouvées chez lui.

21 décembre. — On timbre le papier-monnaie avant de le mettre en circulation. 2 hommes arrêtés sans sauf-conduit route de St-Hilaire sont gardés 2 jours en prison. On brûle les archives à la Commandanture (Ancienne Sous-Préfecture).

25 décembre. — Fête allemande à l'Eglise : éclairage électrique, pièces blanches aux nécessiteux. Arrivée de 135 balles de farine.

27 décembre. — Les sauf-conduits seront refusés pour visites à des parents. La circulation en voiture est interdite. Ordre de livrer les appareils de T. S. F.

30 décembre. — Ouverture d'une Goutte de lait. C'est Madame J. J. de la rue Cambrésienne, qui a bien voulu en assurer bénévolement le service. Transformation en caserne de la maison Pécard, place Guillemin.

ANNÉE 1915

2 janvier. — Réquisitions des laines chez Sterbecq.

Amende de 400.000 francs infligée à Fourmies pour avoir trouvé un soldat dans les bois. Défense de semer des betteraves : on mettra du blé et de l'avoine, des pommes de terre. Proclamation de Guillaume pour ce 1er de l'an. Statistique des prisonniers en Allemagne : 577.875 soldats, 81.380 officiers.

4 janvier. — Arrivée de 38 wagons de charbon à prendre pour 25.000 fr.

5 janvier. — Réquisition des vaches à Prisches, Etrœungt et Cartignies.

Avertissement d'avoir à payer les contributions en billets de banque ou monnaie d'or. Démarches inutiles de MM. Moity, Bisieaux et Marcoux au sujet de la contribution. Réquisition de 400 serviettes, 70 cuvettes, des cuivres des particuliers. Ordre de saluer le Gouverneur.

10 janvier. — Recherche des noyers, lanternes, lampes et verres. Ordre à M. Lépinois de rendre libre pour le lendemain à 10 heures tous les locaux scolaires et son logement personnel.

11 janvier. — Arrivée de 120 émigrés civils.

12 janvier. — Arrivée de blessés français accompagnés de 19 médecins-majors, 70 infirmiers. Installation difficile à cause du grand nombre, 583 au lieu de 170 prévus.

A la même date 561 blessés allemands sont mis à l'école des garçons.

Vers cette époque le Gouvernement fait rentrer à Avesnes les magistrats qui reprennent leurs fonctions. Le tribunal est réorganisé. Un cousin d'Hindenbourg fait à cette époque une enquête sur l'incendie du collège et le qualifie de fait regrettable.

13 janvier. — Arrivée de 3 à 400 blessés français, la population se porte en masse autour d'eux. On la refoule à coup de cravache, l'aide de camp du général, surnommé le « Brochet à lunettes », se fait remarquer par sa brutalité. Les Dames de la Croix-Rouge procèdent à cette installation, elles espèrent soigner elles-mêmes les blessés français, mais ce sont des prisonniers ! Si elles restent, elles seront emmurées et privées de toute communication avec l'extérieur. La Présidente refuse, mais elle proteste contre l'installation inhumaine et anti-hygiénique exigée. Toutes les ouvertures bouchées, pas d'air, pas de lumière ! Une femme de Cartignies sait que son mari est là. On refuse de le lui laisser voir. Des infirmiers français, prisonniers, sont commis aux soins des prisonniers. Grâce à quelques intelligences dans la place, on peut malgré tout passer quelques douceurs et nourriture aux malheureux. Refus de laisser s'approvisionner en farine. L'Allemagne fournira de la farine de seigle : 108 grammes pour les adultes, 60 grammes pour les enfants. Les boulangers sont priés de diminuer de moitié les rations ordinaires.

15 janvier. — Annonce de l'arrivée de 551 blessés. Réquisition dans les communes de 455 lits complets, « blessés allemands ».

16 janvier. — La Caisse d'Epargne émet du papier monnaie. On a retiré le même jour 515 francs. Réunion des Maires. M. Ducornet, maire de Béaurepaire, arrivé en retard, paye une amende de 20 francs.

17 janvier. — Arrivée de la farine de seigle. Les boulangers ne peuvent pétrir cette farine, ils ne font que des boules immangeables. On mélange un peu de farine de froment à raison de 40 grammes.

22 janvier. — On ouvre un cours d'allemand obligatoire. Tous les notables sont astreints à le suivre deux fois par semaine sous peine d'amende de 5 à 10 fr. Le Clergé toutefois est exempté.

23 au 26 janvier. — Arrivée de 240 émigrés, puis 560. On les répartit dans l'Etape après leur avoir distribué 180 pains et 120 l. de café. Arrivée de l'éléphant à la Kommandantur. Il lui faut 15 litres d'avoine et 40 kilogs de foin par jour. Ordre de confectionner des drapeaux allemands pour les monuments publics. M. Moucheron ramène 100 balles de farine.

Robertson, médecin-major, déterre chez M. Girard une caisse d'argenterie et trouve 30 bidons d'essence dans la citerne.

M. Moity est nommé maire. M. Landouzy nommé 1er adjoint. Loiselet 2e adjoint en reconnaissance de ses services.

28 janvier. — Les vieillards de l'Hospice sont expulsés, on les transfère route de Landrecies, maison Moity. La ville fait des distributions de viande et de pommes de terre, l'argent se fait rare, la vie est très difficile. La Caisse d'Epargne prête sur carnet.

Fête de Guillaume. On distribue 5 fr. et une bouteille de vin à chaque soldat. On enguirlande tout de branches de sapin, de grands placards sur les hôpitaux portent : « Dieu punisse l'Angleterre ». Office religieux ; exhibition de l'éléphant « Jenny ».

29 janvier. — Des aéroplanes survolent Avesnes. Des prisonniers civils se plaignent de la faim.

18 février. — Les Allemands trouvent des titres chez M. Deharveng ; on les remet à M. Naveau.

19 février. — Messe pour Jules et Gabrielle Raux.

20 février. — Départ d'un premier train d'émigrés. Il faut se débarrasser des bouches inutiles. On ne peut pren-

dre que 500 personnes dont les femmes de mauvaise vie. Madame Lefèvre demande à partir ; on lui refuse. Placard défendant sous les peines les plus sévères le transport d'aucune lettre. Cependant, malgré les risques, des transports se font souvent ; tous les frais sont supportés par la Croix-Rouge. Marché. Beaucoup de marchands sont arrêtés et emprisonnés pour manque de passe-port. Marchandises confisquées.

21 février. — Ordre de livrer tout l'or qu'on possède.

25 février. — 2e Emission de coupons, pour 100.000 fr.

2 mars. — Les routes sont barrées par des barrières se baissant et se levant comme pour les passages à niveau.

3 mars. — Installation d'un grand café Boche sur la Place : orgies de jour et de nuit. On apprend que Mmes Lefèvre et Deraime ont pu gagner la Hollande.

4 mars. — 7 communes versent 757 fr. or sur réquisition. Il est interdit de faire venir des denrées pour la population, de la Belgique, de la Hollande ou d'ailleurs. En conséquence la farine commandée sera renvoyée. Lettre d'une prostituée donnant une liste de femmes et jeunes filles honnêtes qu'elle accuse de prostitution. Paiement de 100.000 francs de contributions. Le Gouverneur veut 184.000 francs. Prévenez les communes que si elles ne paient pas d'ici trois jours, elles devront donner trois fois la valeur en bétail et en mobilier.

19 mars. — L'Usine à gaz manque de charbon, les Allemands ont fait des débauches folles de gaz, le laissant allumé dans tous les immeubles où il ne font que passer. M. Moity va à Bruxelles prendre part à une entente internationale pour le ravitaillement de la ville. On devient de plus en plus exigeant pour les laissez-passer, non seulement la circulation est interdite d'une ville à une autre mais les habitants ne peuvent plus circuler en ville dès 8 heures. M. le Curé d'Avesnelles fait 3 jours de prison pour avoir visité un malade sur le territoire d'Avesnes. Il y a des barrières à toutes les routes et sorties de la ville ; pour circuler il faut présenter sa carte d'identité. Les demoiselles N... sont arrêtées un jour ne l'ayant pas sur elles. A la suite de

cet incident, elle la portent très apparente à la boutonnière. Nouvelle arrestation parcequ'elles avaient de ce fait « l'air de narguer l'autorité allemande ».

27 mars. — Le Gouverneur fait abattre une maison rue de France pour la commodité de la circulation. Ordre est donné de livrer tous les alcools à la Commandanture. La ration de pain est fixée à 250 grammes par personne. Réquisition des pianos.

Avril. — La directrice de l'école Mlle Peteau qui avait rouvert deux classes est mise à la porte et son école fermée ; elle la rouvre rue de Landrecies.

21 avril. — Délibération du Conseil municipal s'engageant à payer après la cessation des hostilités à la Société Générale de Belgique une somme de 63.000 francs pour fournitures de denrées par la Commission For Relief In Belgium.

27 avril. — M. Thomas est incarcéré pour avoir facilité des envois de correspondance hors d'Avesnes. Réquisition d'ustensiles de ménage. Ordre de se découvrir en saluant les officiers. Des communes devant être enlevées à l'Etape, elles doivent auparavant livrer tous leurs vins au Gouverneur. Arrestation de M. Jules Staincq, accusé d'espionnage.

15 mai. — La Commission accorde 2 pains par jour aux personnes qui ne touchent pas d'allocation et 1 à celles qui en touchent une insuffisante.

21 mai. — Jean Tordeux, M. Allaire et R. Bléhaut qui ont omis de saluer le Gouverneur sont condamnés à 3 jours de prison.

25 mai. — Nous apprenons que l'Italie a déclaré la guerre à l'Allemagne ; les Italiens se trouvant à Avesnes doivent se déclarer à la Commandanture.

ANNÉE 1916

Les sœurs de Sainte-Thérèse sont expulsées de leur couvent. Elles s'installent tant bien que mal au presbytère ; les novices sont dans la maison Canquelain et communiquent par les toits avec le reste de la communauté. Elles ne rentrent dans leur couvent qu'à Noël 1918. Elles sont dans une grande misère. Leur jardin qui était une source de revenus a été confisqué.

MM. W... et D... font de la prison pour avoir refusé de céder leur maison.

EPIDEMIE DE TYPHUS PENDANT 6 MOIS

Les dames de la Croix-Rouge vont à l'hôpital aider les sœurs de Sainte-Thérèse. Nouvelles brimades allemandes. Chaque fois qu'un cas suspect se présente dans une famille, on l'interne dans des conditions malsaines dans l'école du bas de la ville. Visites domiciliaires. Prélèvements d'échantillons sur lesquels on fait des analyses bactériologiques : des petites boîtes sont expédiées journellement à Saint-Quentin pour cet examen.

ANNÉE 1917

Les sœurs de l'Hôpital sont expulsées ; elles avaient déjà dû faire transporter les vieillards rue de Landrecies chez M. Moity et les vieilles femmes route d'Etrœungt, maison Bossut. Elles sont envoyées à Bagatelle ; les sœurs âgées ou malades qui se trouvaient là, sont logées en face dans la maison Grévin. Bagatelle reçoit les filles publiques malades, des typhiques, des blessés, des prisonniers civils dont M. Bernier de Fourmies. Puis les Allemands renvoient les vieillards de la maison Moity ; ceux-ci remplacent les vieilles femmes dans la maison Bossut ; enfin celles-ci trouvent un asile dans la grande maison en face de Bagatelle. Ce fut le dernier déménagement, le plus pénible, en plein hiver. Il n'y eut plus à l'Hôpital que les Allemands.

ORDRES DIVERS

26 février. — Dans le cas où les hommes ne suffiraient pas dans une commune pour les travaux agricoles, les femmes dont beaucoup sont innoccupées doivent être employées. Par suite de la surabondance de forces féminines, toute plainte de manque de personnel dans les communes sera considérée comme dénuée de fondement.

28 février. — Les communes doivent livrer des œufs comme suit : en mars pour 100 poules 200 œufs soit pour la Commandanture 45.018 œufs par semaine. Les non livraisons seront punies d'un mark d'amende ou d'un jour de prison ensemble ou séparément.

5 mars. — Réparer les dégradations des maisons « tout de suite » les fenêtres peuvent être remplacées par des planches. On fera savoir le 13 à midi combien de maisons sont réparées. Les veaux meurent trop. On doit les laisser pendant 4 à 6 semaines au lait pur et encore chaud. Toute infraction sera punie de 1.000 marks d'amende ou de prison jusqu'à 3 mois. Les deux peines peuvent être réunies.

19 mars. — Ordre de cultiver tous les jardins même ceux abandonnés par les propriétaires.

26 mars. — L'instruction doit être reprise dans les écoles aussitôt que la température le permettra. D'ici là les écoliers devront être employés aux travaux ci-après : plantation des champs et jardins, arrachage des pommes de terre, confection des foins, etc... Les professeurs surveilleront.

15 avril. — Ordre de dresser des listes des femmes comme celles des hommes : des trains doivent partir prochainement. Donner la liste des personnes qui désirent en profiter : une fois inscrit on ne peut plus se faire rayer.

17 avril. — Tous les maires doivent dresser pour demain et faire parvenir à la Mairie d'Avesnes la liste des femmes capables de travailler entre 25 et 55 ans (celles qui ne sont pas absolument indispensables chez elles). Les communes devront présenter à l'heure indiquée le nombre des personnes demandées, prises même parmi les évacuées. Elles seront payées 0 fr. 25 l'heure.

20 avril. — Toutes les communes doivent envoyer pour le 23 : 1º les noms, prénoms des maires, chefs de bétail et de culture ; 2º le nombre des habitants masculins et féminins ; 3º le nombre des émigrés ; 4º le nombre des chevaux, poneys, poulains, ânes, mulets ; 5º le nombre des vaches, bœufs, génisses, poules, coqs, canards, pintades ; 6º la quantité de foin, paille, etc... ; 7º le nombre de poiriers, pommiers, etc... (Les poules non déclarées sont saisies sans paiement).

30 avril. — On doit veiller à utiliser tous les moyens d'alimentation pour les bestiaux : accotements des routes, feuillages, jets de l'année.

31 avril. — Le produit de la traite de *chaque* vache doit être noté séparément.

Juin .— Tout le gibier et poisson est réservé à l'armée allemande ; toute contravention est à charge de la commune.

10 juin. — Ne sont pas admis dans les trains de rapatriement : 1° les personnes déjà refusées, 2° les hommes entre 14 et 60 ans, 3° les femmes de 25 à 55 ans seules, sans ascendants ou descendants.

26 juin. — On relève les noms du personnel français de garde-malades.

27 juin. — Tout le vin est réquisitionné, de fortes perquisitions seront faites et tout possesseur de vin non déclaré sera frappé de 3.000 marks et un an de prison.

6 juillet. — Ordre : Si à l'abattoir on trouve de l'herbe dans l'estomac d'un veau son propriétaire sera puni de 3.000 marks ou 1 an de prison.

7 juillet. — Les jeunes filles de 14 ans doivent se trouver réunies à 8 heures du matin au lieu indiqué, pour la cueillette des fruits. Les communes doivent donner une contribution de 1.267.641 francs.

14 juillet. — Les dames de la Croix-Rouge sont appelées à la Rotonde. Ordre leur est donné d'aller soigner les femmes françaises opérées dans une clinique située à Avesnelles, maison Jacquinet. Dans des magasins attenants sont des femmes de mauvaise vie. Les jeunes filles refusent croyant qu'il s'agit de ces dernières.

La Kommandantur déclare que si on ne soigne pas volontairement on le fera de force.

L'hôpital fonctionne jusqu'en octobre 1918 avec une moyenne de 8 à 10 opérées.

Beaucoup de personnes de la région sont soignées là, avec tous les procédés modernes.

On avait offert de payer les infirmières qui refusèrent,

on croit que les Allemands se firent néanmoins payer par la ville.

29 juillet. — Un médecin français ne doit pas traiter de maladies sexuelles sans ordre de la Commandanture.

Août. — Les poules ne pondant plus doivent être livrées au lazaret à raison de 60 par semaine.

Septembre. — Les enfants doivent cueillir les fruits d'aubépine et les livrer en sacs : 10 marks les 100 kilogs.

29 août. — Tous les habitants doivent se faire photographier. Tous les appareils photographiques doivent être déclarés.

Tous les cochons d'Inde et souris blanches doivent l'être également.

Novembre. — 380 jeunes gens de la ville et hommes valides sont envoyés en colonne. Ils partent en chantant la *Marseillaise*. Pour les punir on les expédie au camp de représailles d'Arlon et ensuite dans des maisons détruites de Conflans où ils souffrent de toutes les intempéries, n'ayant rien pour se coucher, ni se couvrir. Une dizaine de nos compatriotes y trouvent la mort, notamment L. D.... Dans l'ensemble du camp on a compté jusqu'à 22 morts par jour... Cet exil a duré 5 mois.

AVESNES

pendant le séjour du G. Q. G. Allemand

(MARS A OCTOBRE 1918)

D'après des extraits du Journal de M. Albert GRAVET

Ainsi que l'a écrit, un jour, l'humoriste Alphonse Allais, « la consciencieuse Histoire, fille et mère de la Vérité, doit éviter l'équivoque d'un terme insuffisamment défini ».

Autrement dit, l'Histoire, la grande Histoire — qui a l'honneur d'un grand H — est parfois truffée d'erreurs remarquables, auxquelles on se raccroche comme... le noyé à une touffe d'herbes.

Voici un exemple parmi d'autres.

Ainsi que beaucoup de journaux, le *Petit Journal,* avait un correspondant de guerre accrédité auprès des armées britanniques .

Ce correspondant, M. Albert Londres, écrivait de Spa, le 29 novembre 1918 :

« Nous allons à travers Spa, nous filons droit à l'Hôtel Britannique. Depuis février 1918, l'Hôtel Britannique fut le quartier-général allemand ; ici Hindenburg et Ludendorff lancèrent leurs ordres de la grande bataille ; ici Ludendorff et Hindenburg demandèrent deux mois à leur peuple pour nous tordre le cou ; ici, le 18 juillet, ils chancelèrent une première fois sous le retour de Mangin ; ici ils s'écroulèrent ; ici Guillaume II fut obligé de consentir à abdiquer... »

Deuxième citation, copiée dans la *Revue Hebdomadaire* du 11 janvier 1919 et publiée sous la signature de M. Jacques Lacour-Gayet :

« C'est de Spa qu'en juillet 1918, le kaiser est parti, laissant ostensiblement entendre que le prochain cantonnement impérial, après quelques journées, fraîches et joyeuses, de la vie des camps, se ferait au château de Versailles... »

Certes, tout ceci est très intéressant.

Mais les « à-peu-près » ne doivent pas suffire. Et je me vois forcé — ayant vécu les 51 mois d'occupation, du 26 août 1914 au 8 novembre 1918 — de reprendre les faits et de les remettre au point.

Il est exact que des conseils de guerre importants furent tenus à Spa par les représentants des puissances centrales.

Il est exact que le Grand-Quartier-Général allemand fut à Spa pendant une certaine durée de la Grande Boucherie.

Mais, au commencement de l'année 1918, il fut scindé en deux parties.

La première comprenant l'administration — intendance, trésorerie, etc. — restait à Spa, tandis que la portion comportant les services militaires proprement dits venait s'installer à Avesnes-sur-Helpe (Nord), où se trouvait, depuis fin décembre 1917, l'Etat-Major de la 18ᵉ armée.

Ainsi, la farine blanche destinée à la confection des petits pains et des gâteaux salés, destinés à MM. les officiers supérieurs, provenait d'un dépôt établi à Spa.

Un inspecteur faisait peser cette farine et plomber le sac au départ ; une autre vérification se faisait à l'arrivée. Et, malgré ces précautions, des manquants se produisaient au profit du pâtissier.

On recevait également de ce dépôt des viandes diverses, de la volaille, du poisson, des conserves, des fruits et des fleurs.

Par contre, le bourgeois français du pays occupé pouvait, quand il dépliait sa serviette, « réflexionner » que ses repas étaient ceux du végétarien convaincu.

« Des haricots marrons !... On nous gave de peaux !... » s'écriait-il.

Et il concluait mélancoliquement en regardant d'un œil piteux son assiette à demi remplie de pois secs, de choux-navets filandreux et de rognures de pommes de terre : « Tout cela, ce n'est pas une « carte » d'état-major ! »

.*.

De la fin du mois de mars 1918 jusqu'au mois de septembre de la même année, et de façon presque continue, Guillaume II a habité, non pas la ville de Spa, mais le château du comte de Mérode, à Trélon, dans le Nord.

Le maréchal von Hindenburg, successeur de von Moltke, ayant son gendre comme officier d'ordonnance, logeait à Avesnes, en l'hôtel de la Sous-Préfecture.

Précédé ou suivi de deux policiers, il aimait sortir et avait adopté pour ses promenades quotidiennes la route de Haut-Lieu et la route de Sains.

Le général von Ludendorff, plus nerveux, plus remuant, plus agité, séjournait, avec ses collaborateurs, les colonels Bauer et Nikolai, tantôt dans un château, tantôt dans un autre, à Dourlers, à Dompierre, à Saint-Hilaire-sur-Helpe.

Plusieurs conseils de guerre furent tenus au château de Dourlers par les officiers généraux et supérieurs.

Quant au prince héritier d'Allemagne, il restait à Charleville, consacrant son temps à la préparation de ses futurs exploits et aussi à des occupations, peut-être plus pacifiques, mais absorbantes quand même.

Ceci ne l'empêchait pas de venir à Avesnes en compagnie de son chef d'état-major, le général von Lutwitz, militaire de valeur contestable et ayant piètre figure pendant la guerre, si l'on s'en rapporte aux compétents spécialistes

D'autres généraux allemands fréquentèrent notre petit chef-lieu d'arrondissement, lorsqu'il y eut conseil ou conférence à la Sous-Préfecture, au Théâtre, à l'ancien magasin d'habillement du 84ᵉ de ligne français, dans la maison de M. Degaigne (avenue Jessé de Forest), chez Madame Dubois-Ravaux (route de Landrecies), aux Friquets (route d'Avesnes-Avesnelles).

On peut citer von Boehn, Fritz von Below, Von Hutier, von Marwitz, Otto von Below, von Larisch, von Gonta, von Winckler, von Schmettow, von Albrecht, von Schœler, von der Born, von Linsequist, von Hofacker, Hoffmann, Ilse, etc., etc.

On peut mentionner aussi Henri de Prusse, frère de

Guillaume II ; l'empereur Charles d'Autriche ; le roi de Saxe ; Rupprecht de Bavière ; Boris de Bulgarie ; le cardinal Harthmann, de Cologne ; le sous-secrétaire d'Etat von Kuhlmann ; un autre sous-secrétaire d'Etat, l'amiral von Hintze, auquel le général von Ludendorff promit la victoire, à la veille de l'offensive de juillet 1918.

Un général turc, un feld-maréchal autrichien, un général bulgare, même un représentant du Caucase et un délégué de l'Ukraine furent également attachés au Grand-Quartier-Général allemand.

Parmi les officiers supérieurs était enfin le général von Winterfeld, qui fut aide de camp du Kaiser, chef suprême de l'armée.

En 1913, von Winterfeld était major, et, à ce titre, il suivit, au mois de septembre, les grandes manœuvres françaises du Sud-Ouest. Blessé grièvement dans un capotage d'automobile, il reçut, du coup, la croix de chevalier de la Légion d'honneur.

Les officiers de marine détachés près du Grand-Quartier-Général allemand étaient logés rue Cambrésienne, chez Madame Manesse et chez M. Wittrant.

Ils eurent, pendant leur séjour à Avesnes, une petite mésaventure tout à fait inattendue et pas très reluisante.

Il est vrai qu'avec les omnipotents il faut s'attendre à tout, même à des humiliations, à des affronts, à des déboires.

MM. les officiers très supérieurs, parmi lesquels les deux amiraux, prenaient leurs repas dans la grande salle du premier étage de l'hôtel de la Caisse d'épargne. Les officiers moins supérieurs avaient leur table au rez-de-chaussée. Les capitaines et les lieutenants — menu fretin — mangeaient dans un restaurant de la Grand'Place, et les médecins au rez-de-chaussée de la maison de M. Henri Gauchet, rue Villien.

Et comme les augustes bottes de Sa Majesté royale et impériale étaient en contact trop direct avec les pavés inégaux et déchaussés de la petite rue d'Orléans, bien vite on fit venir de Flaumont-Waudrechies de pleins camions de débris et de déchets de carrières ; ce gravier fut étendu en couche épaisse sur le sol rugueux et devint macadam.

Par ainsi, le kaiser des Allemands put se rendre à son

kasino d'un pas ferme et assuré, comme il sied à un maître tout puissant pour lequel il ne doit exister ni heurts, ni obstacles...

Or, il advint que le 23 avril 1918, par un coup d'audace, deux mille volontaires anglais réussirent à obstruer le port de Zeebrugge, utilisé par l'ennemi comme base pour ses contre-torpilleurs et ses sous-marins.

Son excellence le feld maréchal Hindenburg et le quartier-maître général Ludendorff, furieux de voir leur nid de pirates ainsi détruit, s'en prirent aux deux amiraux qui, de la rue Cambrésienne, d'Avesnes, n'avaient pu prévoir l'embouteillage ; ordre formel leur fut intimé de descendre l'escalier de la Caisse d'épargne et d'aller prendre place à l'une des tables du rez-de-chaussée. La quarantaine infligée aux deux marins fut d'une certaine durée...

Plus tard, quand vint la belle saison, le kasino impérial fut installé dans la maison de Madame Dubois-Ravaux, située sur Avesnelles, route de Landrecies.

C'est de là que fut lancé l'ordre de l'offensive du 15 juillet 1918, qui tourna plutôt mal pour les armées allemandes.

C'est d'Avesnes également qu'avait été déclenchée l'offensive du 21 mars 1918. Au commencement de ce mois, un officier de la 18e armée avait dit :

« Avesnes aura sa place dans l'Histoire. C'est de Versailles ou d'Avesnes que partira bientôt l'ordre de la grande offensive. »

Probablement cet officier supposait que Versailles était le siège du gouvernement ou du Grand-Quartier-Général français.

* * *

Il est à noter incidemment que plusieurs officiers attachés au Grand-Quartier-Général allemand ne se faisaient pas illusion sur l'issue de la guerre.

Dès le mois de juillet, l'un d'eux n'avait pas craint de dire : « Nous avons perdu la guerre. »

Et, de son côté, le général turc ne cachait pas ses sentiments et s'apitoyait sur la grande misère existant déjà dans son pays.

Pour divers motifs, Autriche et Turquie auraient désiré

III

conclure la paix. Mais, il arriva plusieurs fois, si pas tou-tours, qu'au cours des grandes conférences tenues à Spa, le parti de la guerre l'emporta sur les pacifistes.

Ceci n'empêchait pas un rédacteur de la *Gazette des Ardennes* d'écrire, au sujet d'une entrevue entre Guillaume II et Charles Iᵉʳ :

« On s'est entretenu de la façon la plus cordiale de toutes les multiples questions politiques, économiques et militaires formant la base des relations actuelles et futures entre les deux empires.

« Après avoir constaté la pleine harmonie des intérêts et des vues, on décida de resserrer et d'approfondir encore l'alliance existante... »

Cette affirmation n'était rien moins qu'une contre-vérité à côté de beaucoup d'autres mensonges.

****

L'Etat-Major militaire avait une suite, ou mieux, des suivants plus ou moins civils. C'étaient les journalistes chargés de lancer et de propager la bonne nouvelle, même et surtout quand la bonne nouvelle était plutôt mauvaise.

Parmi ces journalistes, quelques-uns portaient l'uni-forme.

Comme ils étaient en nombre, certains ne faisaient que passer à Avesnes ; d'autres y séjournaient plus ou moins longtemps, allant prendre le mot d'ordre et recueillir les renseignements tendancieux, soit à la villa Hindenburg, soit aux Friquets. D'autres, encore, préféraient habiter Charleville, dont le séjour était certes plus agréable que celui d'une petite ville manquant de ressources et de dis-tractions.

On pourrait citer des noms ; mais cette désignation ne présente pas grand intérêt ; peu importe de savoir qu'il y eut à la remorque des armées allemandes un Ratich, un Muller, un Kosner, un professeur Wegener, un docteur Osborn, un autre docteur Gezler.

Au milieu des officiers casqués, bottés, chamarrés, por-tant la double bande lie de vin sur le pantalon gris, le capitaine Scheuch, commandant d'Etapes, ayant succédé au lieutenant-colonel Selzam, avait pour mission, avec les policiers de la 18e armée, de veiller à la sécurité des hauts personnages et de prévoir tous incidents ou accidents.

Court de jambes et ventripotent, ce Scheuch s'ébrouait et se démenait, tantôt à pied, tantôt allongé sur les coussins usés d'une vieille guimbarde qui avait été victoria de maître en sa prime jeunesse.

Très remuant malgré son obésité, ce Scheuch avait illusion de se croire indispensable, tout au moins utile à quelque chose ; quand le kaiser venait de Trélon à Avesnes, le principal souci du commandant d'Etapes était de faire balayer la gare et les rues de la ville, aussi de faire arroser les routes poussiérieuses où devait passer l'automobile impériale.

Quand le Grand-Quartier-Général lui laissait des loisirs, le Scheuch les employait en perquisitions qu'il dirigeait souvent lui-même, dans l'espoir de dénicher et de rafler une fine bouteille de vin ou de liqueur échappée jusqu'alors aux recherches des gendarmes et des policiers.

Car il aimait bien manger et bien boire.

Aussi bien et suivant le dicton, tous les goût sont dans la nature ; un prédécesseur de Scheuch, le commandant von Maerken, recherchait les fruits verts ; un autre prédécesseur, le major von Mehring, collectionnait les bronzes artistiques et les meubles de style, les faïences anciennes et les oiseaux empaillés.

M. le capitaine-commandant Scheuch avait comme collaborateurs, c'est-à-dire comme écumeurs-réquisitionneurs, les deux sous-officiers Borner et Brocken. Ce dernier, dit « le caporal Matelas », était flanqué d'un petit vieux menuisier surnommé « le Furet », qui expédiait en Allemagne des livres, des gravures, etc.

Le Scheuch était assisté du lieutenant Antrop avec lequel il n'était pas toujours d'accord ; car l'Antrop était un concurrent qui travaillait pour son propre compte.

Ne perdant pas le Nord, il faisait commerce et expédiait en Allemagne de la volaille, des œufs, du beurre, du fromage, du gibier, des fruits.............................

Je prends les faits dans leur ordre chronologique.

Le 3 mars 1918, la mairie d'Avesnes est invitée à « livrer croquis avec dimensions des maisons Vieille Commandanture ; maison Abraham, rue de Fourmies ; ancienne

Poste, rue de la Commandanture ; villa Deharvengt, Jeu-de-Balle, nᵒˢ 2, 6, 18 et 445. »

C'est le prélude de l'installation du Grand-Quartier Général allemand. Mais le signataire de l'ordre précité, le lieutenant Ruby, se garde bien d'en informer MM. les attachés à la mairie.

4 mars. — Départ d'une batterie d'artillerie qui était au repos dans le Jeu de Balle depuis le commencement du mois de février.

5 et 6 mars. — Alors que les rues de la ville sont mornes et tristes au possible, l'activité est grande chez les militaires.

De nombreux trains, se succédant parfois de quart d'heure en quart d'heure, circulent sur la voie ferrée et embarquent des troupes allemandes et autrichiennes arrivant à Avesnes de divers côtés.

Des avions survolent la ville et les environs.

Des soldats vont s'exercer au champ de tir.

Les boulangeries et les abattoirs travaillent sans arrêt.

Des modifications sont apportées dans les immeubles situés entre le passage à niveau et la place Stroh, à l'effet d'y installer des ambulances reliées directement avec la ligne du chemin de fer.

Du mobilier et du linge sont enlevés méthodiquement, aussi bien dans les maisons occupées par les propriétaires que dans celles qui furent abandonnées à la veille de l'invasion.

Des ustensiles de cuisine, de grandes et de petites marmites, des cuillers, des fourchettes, des rideaux de fenêtres, des serviettes, etc., sont réquisitionnés dans les communes de la Commandanture.

Cette réquisition provoque des observations : les 15 couteaux présentés par Avesnes sont refusés parce que portant des taches de rouille ; 9 cuillers et 6 fourchettes sont refusées parce que n'étant pas assez belles.

Les couteaux sont nettoyés ; les cuillers et les fourchettes sont remplacées. Mais la mairie n'en reçoit pas moins un blâme, daté du 10 mars et ainsi conçu :

« La ville n'a livré que le minimum des dernières commandes.

« J'ai absolument besoin des rideaux et c'est pourquoi je désire avoir de la ville avant midi 30 mètres de rideaux.

« Si cela n'est pas exécuté, je l'annoncerai à l'A. O. K. et alors on verra ce qui se passera.

« Je ne laisserai pas durer cela plus longtemps et j'exigerait du lieutenant de l'A. O. K. de très sévères punitions. — BORNER, sous-officier. »

7 mars. — Dans l'après-midi, des automobiles blindées, des camions-autos, des tracteurs, des affûts de canon, deux pièces de 310 et de 420, s'installent sur le Jeu de Balle et dans la Rotonde.

Ce matériel est aux Autrichiens, lesquels diffèrent quelque peu des Allemands.

Ils ont le type méridional très accentué : cheveux noirs, teint bronzé, constitution sèche et nerveuse, allure svelte et démarche légère.

L'officier est coquet et paraît être sans morgue ; un cordonnet en torsade dorée, portée autour du cou, ou en sautoir, ou en ceinturon, indique le grade. L'officier est plutôt étonné de recevoir le salut obligatoire des civils.

Le soldat, dont le costume est couleur kaki, a des molletières et non des bottes, un képi-casquette à rabats au lieu du polo gris.

Autrichiens et Allemands n'ont pas de rapports entre eux et passent indifférents les uns près des autres.

Dimanche 10 mars. — Alors que les Autrichiens sont réunis rue d'Albret, un officier leur fait le discours et les engage à se bien battre contre les Français.

J'apprend que le feld-maréchal Hindenburg va venir s'installer à Avesnes et qu'il logera à l'hôtel de la Sous-Préfecture.

Vingt-huit maisons sont à aménager pour l'installation de 42 officiers.

Des aspirants-chauffeurs ont choisi la rue du Jeu-de-Balle et la rue de Landrecies comme champ d'exercice.

Les fenêtres des maisons voisines en tremblent d'émotion ; les carreaux se démastiquent et demandent à s'en aller ; les pendules s'arrêtent et ne veulent plus rien savoir...

12 mars. — Le capitaine Scheuch, venant du Nouvion,

prend possession de son poste à la Commandanture d'Avesnes.

Son premier acte est de faire évacuer toutes les maisons de la rue de France ; il est ainsi expulsé 94 personnes.

15 mars. — Les réquisitions de mobilier et de linge, sans remise de bons, continuent dans la ville ; le tout est transporté à l'ancien magasin d'habillement du 84e de ligne, dont le premier étage est luxueusement aménagé.

Le capitaine-commandant Scheuch fait, incidemment, cette déclaration :

« Les objets d'art qui vous ont été pris ne sont pas volés ; ils vont à la fonderie. On nous ferme la mer ; nous devons prendre chez vous ce qui nous est indispensable pour faire la guerre. »

Un général, en tournée d'inspection à Avesnes, s'intéresse aux débris du musée et dit qu'il est regrettable que le Collège ait été brûlé ; il ne faut voir là, ajoute-t-il, que l'acte d'un inconscient.

L'inconscient est le comte d'Einsiedel, qui était très fier de son acte.

Dimanche 17 mars. — Les habitants de la rue du Jeu-de-Balle sont expulsés de chez eux. Une grande partie du mobilier est laissée pour le logement des officiers ; on en retrouvera bien peu — et en quel état — après la libération, par suite des vols commis par les uns, de la destruction effectuée par les autres.

Les « uns » étaient des Allemands et peut-être quelques Français et Françaises ; les « autres » étaient des Anglais.

Les uns et les autres, remis de leurs fatigues de guerre, sont persuadés que le temps a mis son éteignoir sur leurs faits et gestes ; je suis un peu de cet avis.

18 mars. — A 5 heures du soir, des sentinelles bottées, casquées et armées barrent la rue du Jeu-de-Balle, la rue Gossuin, la rue de France, une partie de la rue de Fourmies. Ainsi, la Sous-Préfecture est isolée.

Auparavant, une soixantaine de femmes avaient été réquisitionnées pour nettoyer les maisons et la chaussée de la rue de France ; des ordres sévères avaient été donnés aux riverains pour le balayage de la rue de Mons, de la

Grande Rue, de la rue Cambrésienne et de la rue Victor-Hugo.

D'un autre côté, des canons contre avions avaient été placés autour de la ville : à Avesnelles (lieu dit Panstifère), route d'Etrœungt (près de la ferme de Beauregard), route de Haut-Lieu (près de la ferme Noël), route de Landrecies (près du terrain de manœuvres), route de Saint-Aubin (près de la villa Dacquet).

Des cloches d'alarme avaient été installées aux diverses entrées de la ville et il avait été collé contre les maisons des pancartes portant cette inscription « Flieggerdeckung fur... mann » (Endroit couvert contre avion pour... hommes).

Au reste, il avait été annoncé, le 2 mars :

« Lors de l'attaque d'avions, les cloches posées sur les routes seront sonnées. Dans ce cas, les habitants devront de suite ouvrir les portes de leur maisons et de leurs caves afin de donner asile à quiconque chercherait abri. Les contraventions seront sévèrement punies. »

19 mars. — De 7 heures à 8 heures du matin, onze voitures automobiles font, à deux ou trois reprises, la navette entre la gare et les maisons désignées pour recevoir les nombreux officiers qui doivent séjourner à Avesnes.

Lors du premier voyage, le feld-maréchal von Hindenburg se trouvait dans la troisième limousine.

Avesnes est devenu officiellement le siège du Grand-Quartier général allemand.

Précédemment — c'est-à-dire de février 1917 à mars 1918 — il fut dans la ville balnéaire de Kreusnach, où Hindenburg et Ludendorff conçurent et préparèrent la série des offensives de mars à mai 1918.

20 mars. — Pour sa première sortie à Avesnes, le maréchal Hindenburg se promène quelques instants dans l'après-midi sur la Grand'Place ; il est accompagné de son gendre.

20 mars 1918. — On dit — que ne dit-on pas durant les longues journées d'occupation ? — que le repas du soir est supprimé pour les hommes faisant partie du parc d'autos installés rue de Maubeuge.

Si la nouvelle est vraie, les poules et les lapins agiront sagement en ne se promenant pas hors de leur domaine et en se cramponnant à leur poulailler ou à leur clapier.

Au début de la guerre, le soldat allemand, mangeant gros et buvant sec, marquait ses préférences pour le marcassin de basse-cour, aussi son mépris et son dédain, si pas son horreur, pour le lapin de choux dont il se souciait comme d'une bouteille vide.

Mais les temps changèrent quelque peu et, suivant le dicton, tout fit farine au moulin, lorsqu'à l'abondance succéda la piteuse portion congrue.

Jeudi 21 mars. — Guillaume II, d'Allemagne, vient à Avesnes, où il séjourne de 11 heures 45 à 12 heures 42. Pendant ce court laps de temps, il déjeune au Casino de la Caisse d'épargne.

Cinq superbes limousines, ayant la couleur impériale et les armes allemandes peintes sur la carrosserie, forment cortège. Plus loin en arrière, sur la Grand'Place, trois auto-camions stationnent ; ces véhicules, portant le chiffre de la VIᵉ armée, contiennent une mitrailleuse et tous les appareils pour installation de télégraphie et de téléphonie.

Guillaume II, ayant déjeuné, se présente sur la porte de la Caisse d'épargne pour remonter en voiture avec le général Ludendorff et un autre officier supérieur ; le volant de l'automobile est tenu par un officier.

Un photographe allemand opère. L'Empereur, ayant le casque à pointe, se tient très droit ; moustache légendaire, cheveux plutôt sel que poivre ; sous la capote grise entr'ouverte, se voit une tunique bleue avec aiguillettes d'or.

Au moment du départ, il y a près de l'église de nombreux militaires non armés, venus en curieux, et une vingtaine de civils. Pas de cris, pas d'acclamations.

Le feld-maréchal Hindenburg regagne à pied l'hôtel de la Sous-Préfecture.

A 19 heures, Guillaume est de retour à Avesnes.

Après le dîner à la Caisse d'Epargne, Hindenburg fait conférence pendant un heure.

22 mars. — La nouvelle du jour : Arras est pris ; Reims est pris.

La nuit du 22 au 23 mars est très mouvementée.

Des automobiles, des motocyclettes, des camions automobiles traversent la ville à grande allure.

De nombreux blessés allemands arrivent à Avesnes ; d'autres suivront durant les journées des 23, 24, 25 mars. Il y a parmi eux, une trentaine de Français et une centaine d'Anglais.

Les uniformes gris des Allemands sont couverts de terre et plus ou moins endommagés.

Beaucoup de ces hommes n'ont eu qu'un pansement sommaire pour des blessures qui ont atteint la tête, les bras, les jambes.

29 mars. — A 12 heures 30, une limousine, portant sur la carosserie les armes bavaroises surmontées de la couronne royale, dépose le kronprinz Rupprecht de Bavière à la Caisse d'épargne, où il est reçu par les généraux Hindenburg et Ludendorff.

Au hasard de la fourchette, ou plutôt de la plume, qui pique tantôt parmi les petits et tantôt parmi les gros morceaux, je cueille un ordre de réquisition émanant de la Commandanture et réclamant à Avesnes : « deux chemises de jour, deux chemises de nuit, deux pantalons, une matinée, deux cache-corsets, un jupon de dessous, huit mouchoirs, deux paires de bas, une blouse ».

Toute cette vêture est probablement destinée à une dactylographe ayant perdu ses nippes... à la bataille !

D'autre part, on ordonne de livrer de suite à la Commandanture les équipements, armes et munitions abandonnés par des militaires dans les maisons qu'ils occupaient.

Le racontar du jour : sur le front anglais, nous avons perdu 20.000 morts, 32.000 blessés, 16.000 prisonniers !

D'autres personnes, aussi bien renseignées que les premières, indiquent 60.000 prisonniers !

Par suite de la suppression des laissez-passer, les contrevenants aux ordres et instructions militaires ne seront plus appelés à Avesnes. C'est ainsi que le juge allemand se rend à Saint-Hilaire et à Marbaix pour les condamner.

Dimanche 24 mars. — On attend Guillaume II, qui doit venir de Trélon, assister au service religieux à Avesnes.

Des mesures sont prises pour sa sauvegarde : la moitié

de la Grand'Place est barrée à 8 h. 15 par des militaires casqués et armés ; les rues adjacentes sont condamnées et gardées par des sentinelles.

Le kaiser fait faux bond. Et la surveillance est supprimée à 9 h. 45.

Dans la journée, des généraux se promènent en ville, attendant les événements.

A 9 heures, des détonations se font entendre au nord et à l'ouest de la ville.

L'alarme est sonnée. Le canon est tiré par les veilleurs protecteurs du nord et du sud.

A 19 h. 52, deux fortes détonations et une plus faible éclatent à l'ouest. D'autres leur succèdent pendant sept minutes.

L'alarme est de nouveau donnée par les cloches et la sirène. Un projecteur placé au nord fouille l'horizon ; un autre, au sud, fait de même.

Puis les deux canons placés près de la ferme de Beauregard et de la route de Haut-Lieu, au sud de la ville, tonnent et envoient leurs obus contre des avions que l'on ne voit pas. La mitrailleuse ajoute sa note au concert.

A 21 h. 10, troisième alerte annoncée, comme précédemment, par la sirène et la cloche.

Le feu d'artifice recommence. Les projecteurs éclairent. Le lance-fusées fonctionne. La mitrailleuse égrène son chapelet. Le canon envoie ses projectiles dans le vide. Et les chiens aboient à la lune, qui reste impassible...........

Le racontar du jour : les Anglais ont éprouvé une grande défaite du côté d'Arras.

Ordre n° 2540 : La mairie d'Avesnes doit entreprendre le nettoyage à fond immédiat du lit de la rivière de l'Helpe, en commençant à la rue de Mons, en descendant le courant. Annoncer que c'est fait pour le 28 mars. — RUBY, lieutenant et aide-de-camp.

25 mars. — Il est envoyé dans les communes un questionnaire à remplir et relatif aux fortunes anglaises, aux créances anglaises envers des débiteurs français.

Il est commandé 50 cercueils à un menuisier de la ville.

26 mars. — Il est réquisitionné des glaces, des meubles, des édredons.

27 mars. — A 9 h. 50, des blessés allemands font tapage devant une maison qui est occupée, dans la rue des Prés, par un sous-officier.

Un policier intervient ; les blessés crient plus fort et se dirigent, toujours criant, vers la gare où ils sont embarqués.

A 20 h. 10, le canon de la route d'Etrœungt envoie dans l'espace trois coups, puis deux coups. La mitrailleuse du garage d'automobiles lance ses cartouches vers le ciel.

Un avion est bientôt en vue et survole Avesnes. Il se fait reconnaître à l'aide de ses phares : c'est un allemand.

28 mars. — Dans l'après-midi, Charles Ier d'Autriche passe en gare d'Avesnes, se rendant à Trélon où réside Guillaume II.

Les ministres de la Guerre autrichien et bulgare sont également de passage dans notre ville.

Les gendarmes et les policiers perquisitionnent dans les rues de Mons, de la Poudrière, Sainte-Croix. Il a été volé six poules, dans la nuit du 27 au 28, à l'embusqué Antrop, lieutenant attaché à la Commandanture.

Les chapardeurs sont découverts : ce sont des militaires allemands logés rue de Maubeuge.

Journée calme.

On manque de nouvelles relativement à l'offensive faite sur le front franco-anglais par l'armée allemande et on en est réduit à lire dans la *Gazette des Ardennes* datée du 26 mars :

« De source anglaise, on prétend que les troupes d'assaut allemandes avaient subi de très lourdes pertes. Ces affirmations ne correspondent pas aux faits. Malgré les grands résultats acquis, les pertes allemandes sont faibles. »

Le communiqué anglais du 21 mars, auquel il est fait allusion, disait :

« ...Les assaillants sont parvenus à franchir nos lignes d'avant-postes et ont pénétré dans nos positions de combat en un certain nombre de points. Les attaques, exécutées en formations massives, ont été fort coûteuses pour l'ennemi, qui a subi des pertes extrêmement élevées... »

29 mars. — Trois automobiles, contenant des journalistes allemands débarqués à Avesnes à 7 heures, se dirigent

vers la Sous-Préfecture, résidence du feld-maréchal Hindenburg.

— De nombreux blessés viennent remplacer ceux qui ont été précédemment évacués sur l'Allemagne. Il y a parmi eux une centaine de Français et d'Anglais.

1er avril. — La Commandanture demande à la mairie un plan de Paris : le commandant d'Etapes, M. le capitaine Scheuch, réclame une bonne cuisinière.

2 avril. — Arrivée de 800 blessés allemands qui sont suivis par d'autres dans la nuit du 2 au 3, et la journée du 3.

3 avril. — On entend le canon au sud.

— Guillaume II, accompagné d'officiers généraux, est à Avesnes.

— Depuis l'installation à Avesnes du Grand-Quartier général, un communiqué officiel, portant le nom de Ludendorff, est affiché à l'hôtel de ville, siège de la Commandanture.

5 avril. — Le racontar du jour ! les Français ont percé le front allemand ; le kaiser est disposé à faire la paix et à céder l'Alsace-Lorraine !

La nouvelle est vraisemblable. Mais, que de canards naissent on ne sait trop où et prennent leur envolée avec une célérité des plus remarquables et une rapidité des plus enviables !

La viande de boucherie est interdite au Français depuis le 3 août 1915 ; c'est pourquoi elle n'est pas cédée à moins de 10 francs le kilog, lorsqu'une bête est tuée en fraude.

C'est la guerre !..

— Nouvelle locale : un porc superbe, destiné à MM. les officiers, a été tué à l'abattoir. Un ouvrier civil dérobe un morceau de choix de l'animal. Le boucher allemand s'aperçoit du larcin ; il roue de coups le voleur jusqu'à ce que les témoins du châtiment interviennent pour éviter une issue fatale.

6 Avril. — Arrivée de nombreux blessés allemands.

Chaque jour, il y a de 4 à 8 décès. L'enterrement a lieu

sans cérémonie, sans apparat : un sous-officier accompagne le convoi jusqu'au cimetière, la terre est rejetée sur la fosse, une croix est plantée sur le petit tertre ; et puis, c'est tout.

— Il est affiché un avis émanant du commandant en chef de l'armée ; en voici le préambule :

« L'armée allemande garantit aux habitants une sécurité complète pour leurs personnes et pour leurs biens, tant qu'ils ne commettront aucun acte hostile contre les troupes allemandes.

« Il dépendra donc uniquement de l'attitude de la population que celle-ci vive en paix avec l'armée allemande ou qu'elle ait à subir la règle des lois... »

— Le kaiser et les officiers généraux visitent le front pendant une partie de la journée.

— Jeux et divertissements : quelques enfants d'Avesnes, ayant la confiance des autorités municipales, sont chargés du service des boues et remplissent leur délicate mission avec balais, pelles et poussette.

Les gamins d'Avesnelles sont plus folâtres que les gosses d'Avesnes.

Les uns patinent à roulettes sur la route à l'aide de débris ramassés dans les filatures.

D'autre, tout aussi ingénieux, montrent des aptitudes toutes spéciales pour la pyrotechnie. Voici comment est pratiqué ce jeu... innocent : on prend une bouteille vide ; on y met un petit morceau de carbure ne coûtant que 4 ou 5 francs le kilog ; on verse de l'eau en petite quantité dans le récipient, puis on bouche hermétiquement et on dépose la bouteille près de la porte d'une maison amie. Au bout de quelques minutes, la bouteille éclate en morceaux avec détonation appréciable et les jeunes artificiers « éclatent de rire ».

7 Avril. — La *Gazette des Ardennes* annonce qu'un canon, posté à 120 kilomètres de Paris, envoie des projectiles sur la capitale.

— Arrivée de nombreux blessés allemands, ainsi que des blessés anglais et français, parmi lesquels un jeune soldat originaire de Dompierre.

8 Avril. — Le capitaine-commandant Scheuch demande,

pour son usage personnel, des ciseaux à ongles. A la mairie, on comprend : « cisaille à zinc », laquelle est livrée. Colère, puis gaîté du réquisitionneur, qui, d'autre part, réclame un moule à beurre pour lui et un second pour le restaurant impérial.

9 Avril. — Le racontar du jour : Amiens a été évacué par les Français ; Compiègne a été pris par les Allemands.

— L'anniversaire de la naissance du général Ludendorff est occasion d'une petite fête au Grand-Quartier général allemand.

Un repas de gala est donné en l'hôtel de la Caisse d'épargne.

A cet effet, il a été réquisitionné à la ville d'Avesnes : une corbeille de fleurs, plus une guirlande de buis garni de fleurs et mesurant 1 m. 50 de longueur ; cette guirlande est destinée à orner le dossier du fauteuil de Ludendorff.

Le kaiser et le kronprinz sont de la partie.

Le déjeuner dure de 11 h. 30 à 13 heures.

A 12 h. 45, le docteur médecin de la Commandanture traverse rapidement la Grand'Place et se dirige vers la rue Cambrésienne : Guillaume II et les officiers de son entourage vont se rendre à l'hôpital installé dans l'Ecole supérieure de filles.

Il y a, en ce moment, aux environs du Kasino, une vingtaine d'officiers inférieurs, quelques policiers, une centaine de soldats, plusieurs infirmières et employés télégraphistes.

Les soldats sont d'abord tenus à distance respectueuse ; puis ils sont autorisés à se rapprocher lorsque le kaiser, casqué et revêtu d'une capote grise recouvrant la tunique à aiguillettes d'or, descend les escaliers de la Caisse d'épargne.

Les Allemands poussent deux fois le cri : « Hourra ! » Les soldats font le salut militaire. Guillaume II salue à son tour et, avant de monter en automobile, laisse tout le temps nécessaire à un opérateur de faire tourner son moulin à café.

Et, pendant ce temps, le capitaine-mommandant Scheuch, admirable et impeccable semble confit dans sa gloire vaniteuse et comme une oie rôtie et figée dans sa graisse.

Il est à noter que l'empereur allemand salue les militaires et les civils qui se trouvent sur le parcours. En cela, il montre l'exemple à ses officiers qui, souvent, ne daignent pas rendre le salut aux habitants obligés, sous menace d'amende et de prison, de se découvrir lorsqu'ils rencontrent un gradé et même un demi-gradé.

L'ordre en avait été donné et appliqué dès le mois d'octobre 1914, et un avis du 9 avril 1915 portait :

« Par ordre de M. le Général Inspecteur d'Etape, il est rappelé aux habitants, hommes et femmes, qu'ils sont obligés de saluer tous les officiers indistinctement. — Le Gouverneur-Commandant, Major von MEHRING.

10 Avril. — La nouvelle du jour : Laon est repris par les Français.

11 Avril. — Ordre n° 3133. La rue de la Caserne est fermée aujourd'hui à partir de 8 heures du soir (heure solaire, 19). Cet ordre est à faire connaître aux habitants. — RUBY, lieutenant et aide de camp.

Donc, il y eut, le jeudi 11 avril, conférence avec projections devant les hauts personnages et plusieurs officiers supérieurs dont un Turc et des Autrichiens.

12 Avril. — Venue à Avesnes du comte Hertling, chancelier de l'Empire d'Allemagne, l'homme de Ludendorff.

— Arrivée de nombreux blessés allemands.

— Passage de nombreux trains contenant des troupes et transportant de l'artillerie.

— De 8 h. 30 à 9 heures, détonations à l'ouest.

14 Avril. — Arrivée de blessés allemands. Départ de prisonniers anglais.

— Depuis trois jours, on entend une très forte canonnade au sud.

15 Avril. — On raconte que les chirurgiens sont sur les dents et qu'ils ont à couper beaucoup de bras et beaucoup de jambes.

—16 Avril. — Arrivée de blessés à Avesnes et à Avesnelles.

— Installation sur la place d'Avesnelles et à Bas-Lieu de nombreux camions autos.

Les racontars du jour : 1° des vols, dont le montant

s'élève à plus 90 millions (!) ont été effectués au préjudice du Comité central bruxellois de la C. R. B. ; plusieurs directeurs et administrateurs ont été arrêtés et emprisonnés.

2° Un grand mouvement populaire, une révolution, se prépare en France.

17 Avril. — Quatre limousines, stationnant à 19 heures près de la Caisse d'épargne, y ont amené plusieurs hauts personnages.

18 Avril. — Ordre à la mairie d'Avesnes : Aujourd'hui soir, à 8 heures précises (heure solaire : 18), la pompe à incendie avec des hommes doivent se trouver au théâtre. — Antrop, lieutenant et aide de camp.

Autre ordre : La rue de la Caserne est fermée aujourd'hui à partir de 8 h. 15 (heure solaire : 18.15). Tous les habitants de cette rue doivent rester dans leur maison à partir de ce moment. Il leur est défendu de rester devant leur porte ou de se pencher à la fenêtre. L'ordre est à publier à son de sonnette de suite dans la rue de la Caserne — Antrop, lieutenant et aide de camp.

Le programme de la soirée comporte conférence et projections.

19 Avril. — Arrivée de blessés allemands.

20 Avril. — Ordre n° 3360 à la mairie d'Avesnes pour faire connaître à toutes les communes : « Les grilles en fer et les portes treillisées seront démontées. Des ordres plus précis seront donnés par les corps de garde. — Antrop, lieutenant et aide-de-camp ».

— Les journalistes allemands sont toujours ici. Tous les jours, à 10 heures, ils vont prendre les nouvelles au siège du Grand-Quartier général.

21 Avril. — Arrivée de prisonniers français et anglais, qui sont internés à la caserne Chémerault.

— On entend le bruit du canon dans la nuit du 21 au 22.

22 Avril. — N° 3422. A la mairie d'Avesnes : « Toute circulation dans la rue d'Orléans est strictement interdite. Seulement les habitants y logeant ont le droit de passer

dans la rue. Les contraventions seront punies sévèrement. — SCHEUCH, capitaine et commandant.

— Parmi les officiers supérieurs résidant à Avesnes, il y a un feld-maréchal autrichien, un général turc, un général bulgare.

24 Avril. — Les racontars de la journée :

1° Le kronprinz a perdu 200.000 hommes devant Amiens ;

2° La famille impériale va venir habiter Avesnes ou Trélon ;

3° Des trains de gendarmes et de soldats retournent en Allemagne pour réprimer les manifestations du 1ᵉʳ mai.

25 Avril. — Départ de blessés allemands.

— Le camp de Flaumont-Waudrechies, ayant été occupé précédemment par des militaires français, est, en ce moment, affecté à des Allemands punis pour infractions aux règlements et refus de marcher.

Plusieurs immeubles de l'avenue du Pont-Rouge servent de prison à des Russes et à des Italiens.

— Le canard du jour : les Allemands ont reculé de 27 kilomètres.

26 Avril. — Le kaiser et le kronprinz déjeunent à la Caisse d'épargne.

A 12 heures 20, Guillaume II se rend à pied, avec Hindenburg, à la Sous-Préfecture.

Comme curieux, il y a quelques soldats et quelques infirmières ; l'une de celle-ci est à remarquer, car elle porte une jupe bleue, un tablier blanc et une blouse rouge.

Le kaiser en grand uniforme avait en sautoir un large cordon rouge.

Hindenburg également en tenue d'apparat avait sur la tunique une grande plaque émaillée, à quatre branches et nombreux rayons, qui venait de lui être remise par l'empereur.

27 Avril. — La nouvelle du jour : Charles d'Autriche demande à faire la paix.

29 Avril. — A la mairie d'Avesnes : « La rue Cambrésienne est à fermer aujourd'hui à 8 heures (heure solaire,

IV

18) pour la circulation. Les habitants de la rue doivent rester dans leur maison. La présence aux fenêtres est interdite. Cet avis est à porter à la connaissance des habitants de la rue par sonnerie de cloche. — ANTROP, lieutenant et aide-de-camp. »

Cette mesure est motivée par la présence des hauts personnages devant assister à une conférence au théâtre.

Mardi 30 Avril. — A 9 heures, ordre est donné à la mairie d'Avesnes d'envoyer à la Commandanture de la gare quinze jeunes hommes ou femmes avec pelles et balais pour nettoyer les quais et les cours.

A 14 heures 30, Guillaume II, accompagné de généraux et de plusieurs autres officiers, descend du train impérial et monte en automobile dans la cour de la gare de la petite vitesse.

Les abords de la gare sont surveillés militairement.

L'Empereur regagne son train à 17 heures.

Un accident faillit se produire à ce moment.

L'auto impériale, qui était en tête du cortège, contournait la place Stroh à gauche lorsque la sentinelle, montant la garde près du monument, fit signe d'arrêter.

La voiture ralentit sa marche. La seconde limousine, lancée à vive allure, manqua de tamponner la première et put cependant éviter le choc grâce au coup de volant donné par le chauffeur.

Et le soldat de garde fut engu...irlandé copieusement, à plein gosier, par des officiers de la suite à Guillaume.

1er Mai. — La récolte de commentaires aux mille pattes est abondante. Et voici les propos du jour :

Les Allemands ont pris Ypres ; ils ont fait 20.000 prisonniers.

Ils ont reculé de 40 kilomètres à cause du choléra ! — A qui se rapporte le « ils » ? Aux Français ? aux Anglais ? aux Allemands ?

Autre canard : Le feld-maréchal Hindenburg est mort dans la nuit !

Propos tenu par un soldat faisant partie d'une équipe de voleurs-réquisitionneurs : « Je n'étais pas né pour faire des choses qui puent. »

2 Mai. — Le kronprinz Boris de Bulgarie est reçu à la gare d'Avesnes, à 19 heures, par Guillaume II et des officiers du Grand-Quartier-Général.

La musique du garage d'automobiles se fait entendre à l'arrivée du train.

Le prince héritier monte en automobile et se rend à la villa Michel, à Avesnelles. Lorsque la voiture s'engage de la rue de Landrecies dans la rue Ingelrans, devenue « le passage des Princes », elle atteint un motocycliste qui, transporté à l'hôpital, succombe le soir à ses blessures.

Des travaux d'aménagement avaient été effectués en l'honneur de l'Altesse Royale.

Après un nettoyage sérieux, rendu nécessaire du fait de l'occupation, la tapisserie sur les murs avait été remplacée par de la peinture. Pour garnir les chambres, on avait amené des meubles luxueux ; le vestibule et quelques salles avaient été garnis de plantes d'appartement. La route, les trottoirs, les sentiers du jardin avaient été désherbés et ratissés.

Boris de Bulgarie ne reste pas longtemps à Avesnes ; il part le lendemain par la route de Landrecies. Il y a deux automobiles pour les officiers et un camion-auto pour les bagages.

4 Mai. — Arrivée de blessés.

On entend une forte canonnade au sud.

Il y a encore à Avesnes une bonne douzaine de journalistes.

220 personnes sont actuellement incarcérées à la suite de jugements et de décisions militaires.

Deux jeunes gens, qui n'avaient pas salué Son Excellence Monsieur le feld-maréchal von Hindenburg, ont été emprisonnés, alors que deux soldats allemands ayant volé trois pains dans une boulangerie de la Grand'Rue courent encore.

Les denrées sont rares, même pour l'occupant, et le temps n'est plus où celui-ci mangeait des tripes additionnées de confiture.

La laine à tricoter est tout aussi difficile à trouver que les denrées alimentaires ; c'est pourquoi une marchande, quelque peu écumeuse, ne veut pas livrer une pelote pesant 500 grammes à moins de 50 francs.

C'est la guerre !

Et combien Alphonse Allais raisonnait juste quand il écrivait : « Beaucoup d'esprits sensés se demandent où s'arrêtera le progrès, et même s'il s'arrêtera un jour... »

6 Mai. — Date mémorable. De 11 h. 30 à 11 h. 50, grand mouvement d'automobiles qui escaladent la Grand'-Rue à toute vitesse.

Les personnalités militaires allemandes viennent célébrer à Avesnes l'anniversaire de la naissance du kronprinz qui a, ce jour, 36 ans.

Douze limousines portant divers pavillons font le parc sur la Grand'Place.

En plus des deux sentinelles habituelles, des chasseurs policiers gardent la Caisse d'épargne. Comme curieux, de nombreux soldats, mais pas de civils.

La ville avait été réquisitionnée pour fournir neuf plats à tarte avec pied, des cuillers à sel, une guirlande de fleurs de 2 mètres de longueur « particulièrement belle ».

A ce banquet, il y eut du poisson du Pont de Sains, des écrevisses de Marbaix, et aussi de l'excellente marmelade, celle-ci fournie par M. Hungenach, de Strasbourg, qui était non seulement fabricant de confitures, mais également membre de la « Ludendorff-Spende », société récoltant des souscriptions en faveur des équipages des sous-marins.

Ce nom de Hungenach se retrouve plus tard, en décembre 1918.

Aussitôt après l'armistice et pendant quelques jours, M. Hungenach fut le premier maire français strasbourgeois ; il reçu la rosette de la Légion d'honneur. La vertu est toujours récompensée !

7 Mai. — Ordre n° 3866. A la mairie d'Avesnes : La rue de la Caserne est à fermer aujourd'hui à 8 heures (heure solaire, 18). Les habitants de la rue ont à se tenir dans les maisons. La présence aux fenêtres est interdite. Cet avis est à porter à la connaissance des habitants par sonnerie de cloche. Les pompiers avec pompe sont à présenter à 8 h. 15 (heure solaire, 18 h. 15). — ANTROP, lieutenant et aide-de-camp.

— Dans la nuit du 7 au 8 mai, une vache du troupeau

allemand est volée à Bas-Lieu. Après enquête, cinq militaires sont arrêtés.

8 Mai. — L'Avesnois achetant du beurre, le paie 10 fr. les 500 grammes ; le capitaine Scheuch ne le paie que 2 fr. et estime que c'est cher.

9 Mai. — Par ordre du généralissime, les deux personnes qui ne l'avaient pas salué convenablement sont mises en liberté. Le commandant rappelle à nouveau aux habitants d'Avesnes et d'Avesnelles qu'à l'avenir ils doivent se conformer aux ordres concernant le salut. — SCHEUCH, capitaine et commandant.

— La mairie d'Avesnes adressera pour aujourd'hui à 4 heures de l'après-midi (heure solaire, 14), une liste de toutes les personnes qui font un commerce avec des habits usagés ou hors d'usage. Les noms, prénoms et numéros des maisons sont à donner exactement. La Commandanture seule permet d'ouvrir des magasins de toute sorte. — ANTROP, lieutenant et aide-de-camp.

— La capitaine Neuerburg, chargé de la surveillance du ravitaillement de la population civile pour le district C. R. B. de Saint-Quentin, est vendeur, pour son compte personnel, de tabac, cigarettes, sucre, etc. ; précédemment, il avait vendu des huîtres, des figues, de l'huile à manger.

10 Mai. — A 20 heures, départ d'officiers d'état-major et d'officiers d'ordonnance pour Spa, où doit se tenir un important conseil de guerre qui durera jusqu'au 14 mai. Assistaient aux conférences : l'empereur d'Allemagne, l'empereur d'Autriche, des officiers généraux appartenant aux puissances centrales, le chancelier allemand.

11 Mai. — A la mairie de Marbaix : Il a été constaté que les soldats se faisaient conduire par des Français à des endroits riches en poissons et aider à pratiquer une pêche interdite. Tout Français qui, à l'avenir, serait pris dans de semblables conditions, serait puni d'une amende jusqu'à 1.000 marks ou de prison jusqu'à 1 an, ensemble ou séparément. — SCHEUCH, capitaine et commandant.

La chasse au collet, au lacet, au furet, avait été interdite dès le 4 janvier 1915 ; les délinquants étaient exposés à être fusillés sur-le-champ. Plus tard, en mars 1915, la peine de mort fut remplacés par l'amende et la prison.

A son tour, la pêche fut défendue à partir du 10 août 1915.

13 Mai. — Des troupes importantes sont logées dans les environs d'Avesnes.

13 et 14 Mai. — Passage, sur la ligne du chemin de fer, de militaires et de matériel d'artillerie dirigés sur Hirson.

14 Mai. — Couvée de canards : 1° 800.000 Autrichiens se sont rendus ; 2° les Autrichiens demandent du secours aux Allemands ; 3° Les Autrichiens veulent faire la paix.

15 Mai. — Ordre est donné à la mairie de faire nettoyer le théâtre, de faire essuyer les chaises avec des torchons secs, de ne pas laisser trop mouiller le plancher.

Défense est faite aux habitants des rues Cambrésienne et du Grand-Quartier de sortir de leur maison après 18 h., ou de regarder aux fenêtres. Une grande séance est en préparation.

Guillaume II, son fils aîné, Charles I⁰ʳ, revenus de Spa, assistent à la conférence qui fut complétée par des projections cinématographiques.

Au fur et à mesure que les films se présentaient aux regards des spectateurs, une inscription indiquait le jour et l'heure des diverses péripéties des batailles ; une carte géographique, à grande échelle, montrait la configuration du terrain.

Les entrevues et les entretiens fournirent occasion à un rédacteur de la *Gazette des Ardennes* d'écrire ces lignes qui figuraient en première page, première colonne, n° 629, du 16 mai :

« Nous apprenons que S. M. l'Empereur d'Autriche, Roi de Hongrie, vient de rendre visite à S. M. l'Empereur allemand et que cette entrevue entre les deux monarques et leurs conseillers au Grand-Quartier-Général ont eu les résultats les plus satisfaisants.

« L'empereur Charles était accompagné de son ministre des Affaires étrangères, le comte de Burian, de son chef d'état-major, le baron von Arz, et du prince de Hohenlohe, ambassadeur austro-hongrois à Berlin. Etaient présent du côté allemand : le chancelier de l'Empire, le chef de l'état-major, feld-maréchal von Hindenburg, et son premier quartier-maître, le général Ludendorff, le secrétaire d'Etat von Kühlmann et l'ambassadeur allemand à Vienne, comte de Wedel. On s'est entretenu de la façon la plus cordiale de toutes les multiples questions politiques, économiques et militaires formant la base des relations actuelles et futures entre les deux Empires.

« Après avoir constaté la pleine harmonie des intérêts et des vues, on décida de resserrer et d'approfondir encore l'alliance existante.

« On est, dès aujourd'hui, pleinement d'accord sur les bases prévues de la nouvelle alliance. Au cours des négociations, on a pu se rendre compte combien la solide fraternité austro-allemande, qui a si glorieusement fait ses preuves pendant ces rudes années de guerre, est appréciée de part et d'autre.

« Il n'est pas douteux que cette nouvelle et fructueuse manifestation de solidarité constitue un fait politique et historique de haute importance. La manœuvre par laquelle M. Clemenceau espérait dissocier l'alliance des Puissances Centrales, a eu l'effet contraire. »

15 Mai. — Des instructions sont données aux mairies pour la récolte des orties qui doit être faite avec « toute l'énergie possible ». Il sera payé 14 pfennigs par kilog de tiges, et 24 pfennigs par kilog de foin à livrer, à la filature Cromback, à Avesnelles.

16 Mai. — Le roi de Saxe arrive à Avesnes par train spécial à 17 heures 30 ; il se rend en auto à la Sous-Préfecture, puis à la maison Deharvengt. Avant de repartir, à 19 heures, il dîne à la Caisse d'épargne.

Le roi est accompagné de nombreux officiers qui sont casqués et portent des aiguillettes d'or.

Les rues de la ville sont gardées par des chasseurs policiers.

— De l'infanterie et de l'artillerie se dirigent en grande quantité vers Etrœungt.

17 Mai. — Le sous-officier Borner fait procéder à l'enlèvement du mobilier de la Caisse d'épargne et de la Chambre de commerce ; un camion-auto fait trois voyages.

Il n'est pas remis de bons de réquisition, et un caporal, procédant au déménagement, dit d'un ton significatif : « Et ça s'appelle travailler pour la Patrie ! »

Dimanche 19 Mai. — Des bombes sont lancées sur la gare d'Aulnoye et ses alentours par des aviateurs anglais. Déjà la veille, il en avait été envoyé, et le lendemain lundi l'arrosage continuera.

La Pentecôte est jour de grande fête pour les Allemands. Des guirlandes de feuillage ornent les portes et les fenêtres de plusieurs maisons occupées par eux ; des automobiles, des motocyclettes, des bicyclettes sont garnies de fleurs ; des chauffeurs du garage tirent des coups de fusil et boivent un peu plus que d'habitude.

— Des troupes nombreuses arrivent de la route de Maubeuge et embarquent à Avesnes.

— Dans la soirée, il arrive une certaine quantité de blessés.

20 Mai. — Par ordre de la Commandanture, les jeunes filles et les femmes de 14 à 45 ans doivent se présenter toutes, sans exception, à 12 h. 30, sur la place Guillemin.

800 sont inscrites sur les registres de la mairie. L'autorité militaire en désigne 64 pour les cuisines de la gare, pour la fenaison, etc.
Un second appel a lieu le 23 mai.

Nuit du 20 au 21 Mai. — De 22 h. 25 à 22 h. 35, les projecteurs placés autour d'Avesnes fonctionnent ; les canons spéciaux et les mitrailleuses se font entendre ; des éclats d'obus tombent dans les rues et dans les cours à Avesnes et à Avesnelles.

Canons et mitrailleuses tiraient dans la direction du nord, puis vers le nord-nord-est.

22 Mai. — Passage, dans la matinée, de voitures du train.

23 Mai. — Des troupes, venant de Dourlers et des communes voisines, sont embarquées à Avesnes.

A 11 h. 45, deux automobiles contenant von Hindenburg, Ludendorff et leurs officiers d'ordonnance, rentrent de

Dourlers où a lieu une réunion de généraux. Les voitures sont garnies de fleurs et de feuillage.

— L'entrée de la maison et du jardin de Madame Dubois-Ravaux, rue de Landrecies, est interdite aux civils.

Le rez-de-chaussée de l'immeuble va être affecté en salles à manger pour les officiers supérieurs. Divers travaux d'aménagement sont faits par des ouvriers de la ville, sous la surveillance des Allemands. On enlève des tableaux dans plusieurs maisons pour décorer les murs. On apporte des caisses contenant des boîtes de conserves, des bouteilles de vin et de liqueurs, etc.

— Ordre est donné par le sous-officier Borner d'enlever, chaque jour, la poussière des routes autour d'Avesnes et d'arroser les dites routes.

— Par suite de la chaleur et de l'insuffisance de nourriture, beaucoup de personnes sont atteintes de diarrhée et de dysenterie ; on constate aussi plusieurs cas de fièvre typhoïde. La population est actuellement de 3.200 habitants.

24 Mai. — 80 femmes et jeunes filles sont désignées pour aller travailler à la campagne sous la surveillance des chasseurs policiers.

25 Mai. — A 19 h. 45, retour de neuf automobiles fleuries et contenant, avec Hindenburg et Ludendorff, des officiers d'état-major.

— On parle d'une grande offensive allemande pour le 26 ou le 27 du mois.

— Environ 300 femmes de la région Beugnies-Sars-Poteries passent à Avesnes dans l'après-midi et sont dirigées sur Boulogne, Cartignies, Prisches.

27 Mai. — Le kaiser, le kronprinz et des officiers, remplissant cinq limousines, se dirigent vers Etrœungt.

Ils reviennent à Avesnes dans la soirée et entrent à 19 h. 45 dans la maison de M. Deharvengt. L'Empereur et son fils paraissent être en gaîté.

Par mesure de précaution, des sentinelles armées avaient été placées pendant toute la journée aux bifurcations sur les routes d'Etrœungt et de Sains.

— A 18 heures, deux fortes détonations retentissent au sud.

28 Mai. — De nombreux avions passent au-dessus de la ville et se dirigent vers le sud.

— Plusieurs pancartes sont apposées dans la propriété de Madame Dubois-Ravaux :

« Il est défendu de sortir de la maison et de se montrer dans les jardins, de 10 h. 30 à 14 heures et à partir de 17 h. 30. — Il est défendu aux étrangers de pénétrer dans la maison et dans les jardins sans laissez-passer. — Il est défendu de parler à MM. les officiers ou de leur remettre des lettres et des suppliques. »

— Les médecins allemands, soignant des malades français, recommandent à ceux-ci de prendre des fortifiants, de manger de la viande et des œufs, de boire du vin et du lait. Douce ironie !

29 Mai. — A 7 h. 30, le kaiser, arrivant par la route d'Etrœungt, va causer avec le feld-maréchal Hindenburg.

— Il y a du mouvement dans la ville pendant la matinée. De 8 h. à 8 h. 40, des compagnies de mitrailleurs descendent la Grand'Rue et vont embarquer à la gare.

De 9 h. 30 à 12 h. 55, de nombreux camions automobiles se dirigent vers le sud. Plusieurs de ces véhicules sont camouflés ; il y a dè la terre et du gazon retenus par des filets tendus sur le toit.

Beaucoup d'autres camions grimpent l'avenue du Pont-Rouge.

30 Mai. — Le kronprinz, qui a passé la nuit à Avesnes, part à 7 heures vers Etrœungt.

— A 12 h. 30, on entend des détonations dans la direction d'Aulnoye.

A 19 heures, Guillaume II revient de l'arrière du front avec Hindenburg et Ludendorff.

— Un long train de blessés passe en gare.

31 Mai. — Un canard de belle venue : l'Allemagne offre à la France, pour faire la paix, 17 milliards et l'Alsace-Lorraine ; la France demande l'Alsace-Lorraine et 100 milliards.

— Toutes les communes sont invitées à dire, pour le

2 juin, avant midi, s'il existe chez elles des catacombes et l'endroit où elles sont.

— Un boulanger est réquisitionné pour confectionner des petits pains blancs et des gâteaux salés. On inaugure le restaurant d'été dans la maison de Mme Dubois-Ravaux, et la fête, à laquelle assiste le kaiser, se prolonge tard dans la nuit.

Les habitants du voisinage avaient été consignés et des sentinelles avaient été placées aux deux extrémités de la rue de Landrecies pour empêcher la circulation.

— Des blessés allemands sont hospitalisés à Avesnes, qui est devenu le siège de la Commandanture 55.

· Il y a actuellement à l'hôpital spécial d'Avesnelles 360 femmes plus ou moins avariées provenant de toute la région, il y en a même de Saint-Quentin ; plus tard, leur nombre atteindra 500.

— 300 prisonniers de nationalité allemande travaillent aux carrières d'Avesnelles et Flaumont-Waudrechies. Ils sont des plus mal vêtus avec des uniformes en lambeaux et les gardiens ne se font pas faute de les rudoyer.

Nuit du 31 Mai au 1er Juin. — Canon au nord-ouest.

1er Juin. — Deux officiers entrent dans un café de la ville et demandent des gâteaux.

Ces occupants ignorent que les occupés sont au régime C. R. B. et que la farine, le beurre, les œufs, sont tout aussi rares que les poules qui tettent.

— Il est annoncé par l'appariteur :

« La Commandanture informe la population qu'une représentation cinématographique pour les habitants aura lieu demain 2 juin, de 5 à 7 heures du soir (heure solaire, 15 et 17). Le prix des places est fixé pour les grandes personnes à 20 pfennig, loges 50 pfennig ; pour les enfants au-dessous de 12 ans, 10 pfennig. »

Peu de monde à cette séance ; seulement quelques jeunes gens et quelques jeune filles.

Dimanche 2 Juin. — A 4 h. 15 et à 4 h. 20, deux escadrilles, composées de 14 et de 13 avions alliés survolent Avesnes se dirigeant de l'est à l'ouest. On leur tire dessus sans résultat.

A 9 h. 10, onze aéros allemands, venant du nord et allant vers le sud, passent au-dessus d'Avesnes.

A 22 h. 20, une forte détonation se fait entendre. Un avion, descendu très bas, a lancé une boîte à mitraille qui est tombée dans un jardin, près du Jeu de Balle, à 150 mètres environ de la propriété de Madame Dubois-Ravaux.

Les maisons Baillet, Fleuret, Tournay, Meunier ont été atteintes par les éclats du projectile. Des carreaux sont brisés, des murs sont déchiquetés ; deux trous assez profonds ont été creusés dans le sol, et des fils électriques ont été coupés net.

Tout se borne à des dégâts matériels, et dans la matinée du lundi, des télégraphistes réparent les fils alors que des gendarmes et des chasseurs dévisagent attentivement les curieux.

Pendant la journée, on s'empressera de camoufler les guérites portant les couleurs allemandes et de les recouvrir de feuillages.

3 Juin. — Arrivée de blessés allemands.

4 Juin. — Arrivée de 80 prisonniers français qui sont logés à la Maison Rouge, rue de Maubeuge, et employés au garage d'automobiles.

6 Juin. — A 7 heures, détonations au nord ; à 22 heures, cinq détonations successives à l'ouest.

7 Juin. — Des soldats sont au repos à Avesnes et dans les communes voisines.

Le racontar du jour : le gouvernement français a décidé la guerre à outrance !

— Arrivée de blessés allemands les 8 et 9 juin.

10 Juin. — Les gendarmes et les policiers recherchent des prisonniers allemands qui se sont évadés du camp de Flaumont-Waudrechies.

11 Juin. — La population est informée qu'une représentation cinématographique pour les habitants aura lieu tous les dimanches de 15 h. 30 à 17 h. 30.

— Arrivée de grands blessés.

— Quelques détonations se font entendre à l'est.

12 Juin. — Transport de grands blessés de la gare aux hôpitaux.

— Envol de canards : 1. Les Allemands ont pris Compiègne. — 2. Il y a 5.000 Allemands qui n'ont plus voulu marcher et qui ont abandonné leur poste. (Ce chiffre de 5.000 passe rapidement à 45.000, puis à 55.000).

— Depuis quelques jours, on entend fortement le canon.

13 Juin. — Transport de grands blessés.

— La nouvelle du jour : l'empereur d'Allemagne veut que la guerre soit terminée pour le 10 juillet et que Paris soit pris avant cette date.

— Le commerce du jour : M. Mercanti, faisant négoce avec l'Allemand, fournit du riz, du lard, de la graisse, des boîtes de lait condensé, en échange d'une cinquantaine de litres d'alcool qui seront vendus à bénéfice sérieux.

— Les prix du jour : un lapin, 25 francs ; un kilog de beurre, 37 fr. 50 ; un kilog de chicorée, de 13 fr. 50 à 15 fr.; un kilog de sucre, au détail, 26 fr. ; une botte d'asperges, 30 fr. ; un kilog de tabac, 60 fr. ; la bouteille de cognac, 25 fr. ; la bouteille de vin ordinaire, 10 fr. ; le kilog de vieilles pommes de terre, 2 fr. 50.

— Le truc du jour : une dame a acheté une petite quantité de beurre et, pour le faire entrer en ville, elle emploie ce moyen : elle met le beurre dans un pot ; elle recouvre le beurre d'un fort papier puis d'une légère couche de terre; dans le beurre et la terre, elle plante une branche de rosier. Les chasseurs policiers demandent la carte d'identité, admirent le rosier et laissent passer.

15 Juin. — L'empereur d'Allemagne, son frère Henri de Prusse et le prince héritier Guillaume se sont réunis à Avesnes et se dirigent en automobile vers l'arrière du front.

Auparavant, il y avait déjeuner dans la maison de Madame Dubois-Ravaux, et il y eut, plus tard, dans la soirée, grand gala à l'occasion du 30° anniversaire de l'avènement au trône de Guillaume II, né le 27 janvier 1859, et marié, en 1881, avec Augusta-Victoria de Schleswig-Holstein.

Conformément à la règle, la route de Landrecies fut consignée aux habitants, de 11 h. 30 à 14 heures.

Seuls, les photographes allemands purent entrer dans la serre afin d'opérer à loisir.

Pour la circonstance, le kaiser était en grande tenue de général allemand, portant de nombreuses plaques et décorations.

Son frère Henri de Prusse, Hindenburg, Ludendorff, le kronprinz, le général turc, les autres officiers supérieurs étaient tout aussi décoratifs.

Deux allocutions furent prononcées en la circonstance et furent reproduites par des journaux allemands.

Le maréchal Hindenburg s'exprima en ces termes :

« Comme plus vieux feld-maréchal prussien se trouvant devant l'ennemi, je dépose aux pieds de Votre Majesté mes vœux respectueux de bonheur et de victoire, ainsi que ceux de l'armée, en l'honneur de ce jour, 30ᵉ anniversaire de l'entrée au gouvernement.

« Si, malgré toutes les intrigues de l'ennemi, l'Allemagne et la Prusse purent jouir d'une paix d'or pendant les 26 premières années de ce règne, si elles ont pu s'élever à un si haut rang dans la paix, c'est grâce à la prudente sollicitude de leur empereur et roi.

« Et si, depuis plus de quatre ans, le peuple et l'armée montrent devant un monde d'ennemis une preuve de leur force et de leur droit de vivre, comme on n'en a jamais montré dans l'histoire, là aussi ils le doivent à leur très gracieux homme de guerre impérial et royal qui a constamment veillé à la capacité de lutte de son armée et s'en est servi avec de grandes vues.

« Et des envieux voudraient empêcher un semblable peuple d'avoir sa place au soleil !

« Cependant, le président des ministres anglais a eu l'audace d'appeler peste et méchante maladie la lutte énergique de l'Allemagne, sous la conduite de Votre Majesté, contre les tentatives d'étranglement de l'Entente, maladie qui, d'après lui, devait être détruite.

« Votre majesté donne aujourd'hui un grand honneur à l'Etat-Major général, aux représentants de l'armée allemande, en venant parmi eux.

« Puisse la devise « En avant avec Dieu pour le Roi et la Patrie, pour la Patrie, pour l'Empereur et l'Empire ! » vous conduire à l'époque où votre Majesté, après un retour victorieux, pourra vivre de longues années de paix, entouré de l'amour et de la confiance d'un peuple éprouvé dans un si dur et si grand moment.

« Que Dieu le veuille !

' « Tout notre travail, toutes nos pensées, tous nos agissements tendent à ce but.

« Nous mettrons tout notre amour, toute notre fidélité, tous nos remerciements, tout notre respect, dans ce cri : « Pour notre roi de Prusse, pour la Majesté impériale de l'Empire allemand, Hurrah ! »

Guillaume II répondit :

« Je prie Votre Excellence d'agréer mes remerciements du cœur profondément ému pour les souhaits de bonheur.

« Vous avez pensé aux années de paix qui précédèrent ces événements de guerre : 26 ans de travaux durs, mais rémunérateurs ! Bien que ceux-ci n'eussent pu être toujours heureux au point de vue politique et causèrent des désillusions, cela fut pourtant pour moi un délassement de m'occuper de mon armée, de la développer et de faire des efforts pour la conserver à la place à laquelle mon grand-père me l'avait donnée.

« La guerre déchaînée à présent me fait fêter ce jour en pays ennemi, et je ne puis nulle part la fêter mieux que sous le toit de Votre Excellence, de votre très dévoué aide et de l'Etat-Major-Général.

« Lorsque, en temps de paix, lors de la préparation de mon armée pour la guerre, les vieux compagnons de guerre de mon grand-père mouraient successivement, et lorsque peu à peu l'horizon s'obscurcissait autour de l'Allemagne, alors maint Allemand et surtout. moi avons espéré que Dieu mettrait dans ce danger des hommes convenables de notre côté.

« L'espoir ne nous a pas trompés.

« En la personne de Votre Excellence et en celle de Monsieur le général, le Ciel a fait à l'Empire allemand, à l'armée allemande et à notre Etat-Major général, cadeau des hommes qui étaient qualifiés pour conduire le peuple allemand en armes dans son combat décisif pour l'existence et le droit de vivre et de remporter la victoire avec son aide.

« Le peuple allemand n'a pas assez compris, à la déclaration de guerre, ce que cette guerre allait signifier.

« Je le savais très bien, et c'est pourquoi le premier écla-
tement d'enthousiasme ne m'a pas induit en erreur et n'a
pas amené de changements dans mes buts et mes attentes.

« Je savais très bien de quoi il s'agissait, car l'entrée de
l'Angleterre en lutte signifiait une lutte mondiale, qu'on le
veuille ou non.

« Il ne s'agissait pas d'une campagne stratégique, il
s'agissait d'un combat de deux idées mondiales : ou l'idée
allemande : Droit, Liberté, Honneur et Coutumes, doit
rester en valeur ; ou alors l'anglo-saxonne, ce qui signifie
s'abandonner au faux Dieu de l'argent, faire travailler les
peuples du monde comme esclaves pour la race des sei-
gneurs anglo-saxons qui les subjugueraient.

« Ces deux partis luttent l'un contre l'autre, et l'un
d'eux doit absolument disparaître ; et cela ne s'effectue ni
en jours, ni en semaines, même pas en un an.

« Cela était clair pour moi, et je remercie le Ciel d'avoir
placé à mon côté Votre Excellence, et vous, mon cher général, comme conseillers.

« Que le peuple allemand et l'armée — l'armée et le
peuple ne font qu'un — vous admirent pleins de gratitude ;
cela, je n'ai pas besoin de vous le dire.

« Chacun là-bas sait pourquoi il combat.

« L'ennemi lui-même le reconnaît, et c'est pourquoi nous
remporterons la victoire, la victoire de l'idée allemande ;
elle seule est valable.

« Je bois mon verre à la santé des hauts chefs de mon
armée, de mon Etat-Major général et de toute l'armée
allemande.

« Hurrah ! »

Le discours impérial, ponctué de hurrah ! fut arrosé,
grâce à des libations répétées, et additionné de Croix de
Fer libéralement octroyées.

Nuit du 16 au 17 Juin. — Une vingtaine de détonations,
très rapprochées, sont entendues à 23 h. 50.

— Tous les soirs, à 21 heures, un train spécial part
d'Avesnes et transporte à Spa plusieurs officiers d'Etat-
Major ; un autre train revient de Spa et entre en gare le
lendemain à 6 heures.

17 Juin. — A 7 heures, exercices de tir d'artillerie.

18 Juin. — Les racontars du jour : 50.000 Allemands ont été faits prisonniers — les Américains forcent les Russes à mobiliser — les aéroplanes américains font de la bonne besogne.

19 Juin. — Il y a actuellement 158 Français employés au parc d'autos, à la boulangerie, à la boucherie, etc.

— Le nombre de prisonniers civils augmentant, l'ancien bureau français des P.T.T. est converti en maison d'arrêt : les portes et les fenêtres sont murées.

21 Juin. — Canonnade au sud.

22 Juin. — Canonnade au nord-nord-ouest.

— La racontars du jour : 1° Il y a en ce moment des pourparlers de paix — 2° L'empereur veut que la guerre soit terminée pour le mois d'août — 3° Il est question d'une prochaine et importante conférence à Spa.

— Trois litres de crème sont réquisitionnés pour le général logeant aux Friquets, Avesnelles.

23 Juin. — Arrivée de blessés allemands.

26 Juin. — Les mécaniciens et les chauffeurs de l'A.K.P. 7 partent pour Moncornet.

— Départ, à 21 heures, d'officiers d'Etat-Major pour la ville de Spa, où doit se tenir un conseil. Deux camions-autos remplis de malles et valises conduisent leur chargement à la gare.

29 Juin. — Les nouvelles du jour et du lendemain : Deux ou trois divisions allemandes refusent de marcher au feu ; le maréchal Hindenburg a donné l'ordre de leur tirer dessus ; les gendarmes d'Avesnes sont partis au front pour cela. — C'est l'armée du général von Hutier qui refuse de marcher. — Les Autrichiens sont battus ; ils demandent la paix. — Les Chinois et les Japonais marchent avec les Américains contre les Russes. — Il y a une suspension d'armes ; la paix sera signée d'ici un mois.

Ces racontars sont à rapprocher du télégramme envoyé par le kaiser au kronprinz, à la date du 17 juin :

« Sous ton commandement, les armées victorieuses du colonel-général von Boehm et des généraux von Below et

V

von Hutier ont infligé une défaite sensible à l'ennemi et fait échouer l'attaque de ses réserves accourues à la rescousse.

« 35.000 prisonniers et plus de 1.000 canons sont les symboles extérieurs de ces imposants succès. J'exprime à tous les chefs et aux troupes qui y ont pris part ma gratitude, qui est celle de la Patrie. L'esprit et la force d'offensive de mes incomparables troupes nous garantissent la victoire définitive. Dieu continuera à nous aider. »

Si l'on en croit les communiqués officiels allemands et la *Gazette des Ardennes,* les Français, les Belges, les Anglais, les Italiens, les Serbes, les Portugais, les Américains sont toujours battus et archi-battus, malgré leur nombre considérable et leur important matériel. Et, fait bizarre, tous ces peuples alliés ne demandent jamais à faire la paix ; ils s'obstinent à lutter.

D'un autre côté, le colonel suisse Egli, critique militaire des « Basler Nachrichten », qui fut à Avesnes dans le courant du mois de juin, expose ainsi les impressions qu'il a rapportées de sa visite au Grand-Quartier-Général :

« Tous les chefs militaires avec lesquels il m'a été donné de m'entretenir sont d'accord à dire qu'il faudra encore porter de nombreux coups pour amener la décision finale. Tous étant, d'autre part, d'avis de ne rien précipiter, des mois pourraient encore s'écouler avant que l'offensive donne son plein effet. Malgré les succès qui ont été remportés, on continue à estimer les ennemis à leur valeur, sans que toutefois cette considération puisse ébranler le moins du monde la foi en la victoire des armes allemandes.

« Je rapporte de mes entretiens la conviction qu'il ne faut plus s'attendre de la part de l'Allemagne à de nouvelles offres de paix. On y estime que c'est maintenant au tour des adversaires de faire les premiers pas sur la voie qui doit mener à la cessation des hostilités. Ce qui est certain, en tout cas, c'est qu'une éventuelle ouverture des négociations n'interrompra pas les opérations des Allemands sur le front à l'ouest ni la guerre sous-marine. L'expérience faite à Brest-Litovsk semble devoir exclure la conclusion d'un armistice, aussi longtemps qu'on n'aura pas la certitude que des négociations peuvent aboutir à une paix définitive. Tout cela n'influence en rien la disposition de l'Allemagne à mettre à la guerre un terme aussi rapide que possible. L'Etat-Major allemand, qu'on a si souvent accusé de dictature, est également prêt à accepter la main tendue qui lui offrirait une paix garantissant le libre développement de l'empire allemand. »

2 Juillet. — C'est l'A. K. P. 51 qui remplace à Avesnes l'A. K. P. 7. Les inscriptions de cette formation sont en lettres noires sur fond jaune, alors que toutes les autres inscriptions allemandes, dans les rues et sur les routes, sont en lettres blanches sur fond noir ou en lettres noires sur fond blanc. Comme les autres formations similaires, l'A. K. P. 51 a son restaurant, son bureau de poste, son cinéma, etc.

— Les travaux de la prise des eaux de Baldaquin pour l'approvisionnement se poursuivent tranquillement, méthodiquement, sous la direction et la surveillance des Allemands.

3 Juillet. — Racontar du jour : une grande offensive allemande se prépare du côté de Reims.

4 Juillet. — A 6 heures et à 14 heures, arrivée des officiers d'Etat-Major, retour de Spa. Le kaiser continue sa route sur Trélon. Quant au général turc, il ne reviendra ici que le 26 juillet.

Les écumeurs perquisitionneurs opèrent, au moment de la première fournée, dans la Grand'Rue. Bien vite, ils vont remiser leur charrette dans la rue des Prés, afin de... ne pas encombrer la chaussée.

— Le racontar du jour : les belligérants (?) ne se sont pas entendus à Spa ; la guerre va continuer.

— Le nombre de restaurants allemands est, en ce moment, assez important ; il est à noter, entr'autres :

La maison de Mme Dubois-Ravaux, pour l'empereur, les rois, les princes, les généraux de corps d'armée et les officiers supérieurs attachés au Grand-Quartier-Général ; la Caisse d'épargne, pour d'autres officiers supérieurs ; la maison de M. Lecasse, pour d'autres officiers moins supérieurs ; la maison de Mme Gauchet, pour des médecins ; la maison de M. Dubois-Tref, pour les officiers de la garnison et les embusqués de la Commandanture ; la maison de M. Herbecq-Lefour, pour d'autres officiers encore ; l'Hôtel du Nord, pour les gradés de passage et les sous-officiers d'intendance, de trésorerie, etc. Il en est d'autres enfin qui préfèrent manger et ripailler dans les immeubles où ils sont logés.

— Les enfants âgés de 8 à 14 ans sont réquisitionnés pour aller faire la cueillette des fruits dans les jardins des communes voisines.

Il est indiqué que le salaire de ces enfants sera de 20 pfennigs et qu'il sera payé par kilog : o fr. 40 pour les grosses groseilles, o fr. 50 pour les groseilles rouges, les framboises et les mûres.

Vendredi 5 Juillet. — Le kronprinz allemand, de passage à Avesnes, se rend à la maison de M. Degaigne, rue du Jeu-de-Balle, où il séjourne jusque 12 heures et y reçoit le maréchal Hindenburg.

— On entend le canon à l'ouest et au nord-ouest.

— Effectif de la maison d'arrêt : 329 prisonniers de la Commandanture ; 27 prisonniers de droit commun.

6 Juillet. — Canonnade à l'ouest.

Nuit du 6 au 7 Juillet. — Arrivée de blessés allemands. Canon au sud.

7 Juillet. — Canon au sud. Nombreux passages d'aéros.

8 Juillet. — Les racontars du jour : les Anglais ont avancé de 30 kilomètres du côté de Cambrai. — Les Autrichiens ne veulent plus se battre ; les Allemands vont aller à leurs secours.

— Ordre n° 5458 à la mairie d'Avesnes : « Pour l'enterrement du curé français catholique mort comme soldat au lazarett d'ici, la mairie présentera trois représentants de la ville d'Avesnes. Les curés catholiques d'Avesnes et d'Avesnelles sont autorisés à suivre l'enterrement. Mais cela est défendu au reste de la population civile. Le jour et l'heure de l'enterrement seront communiqués plus tard. — Scheuch, capitaine et commandant. »

Ce prêtre français, nommé Marcel Faure, était brancardier au 151° de ligne et avait été fait prisonnier à Ribécourt (Aisne).

L'enterrement eut lieu le surlendemain 10 juillet, à 8 heures.

Les délégués de la ville étaient M. Alcide Moity, faisant fonctions de maire ; M. Achille Landouzy, faisant fonctions d'adjoint, et M. Larivière, membre du Conseil d'administration de l'église.

Huit hommes et un sous-officier constituaient un piquet d'honneur.

Au cimetière, le prêtre allemand qui officiait, prononça un long discours dans sa langue maternelle.

— Il est question de la venue à Avesnes du cardinal von Hartmann, archevêque de Cologne.

Le clergé est pressenti par la Commandanture relativement aux honneurs qui pourraient lui être rendus.

Le cardinal arrive le 10 juillet, vers 10 heures. Il est attendu et reçu à la villa Michel, rue Ingelrans, Avesnelles, par le capitaine Scheuch, commandant l'Etape 55, qui est, paraît-il, camérier du pape. Le gros Scheuch descend rapidement le petit escalier de pierre de l'habitation ; le cardinal lui ouvre les bras et le capitaine-commandant s'y précipite. C'est réellement touchant ; c'est même émotionnant et impressionnant.

Le cardinal Hartmann a des entrevues avec l'empereur et les deux généralissimes. Puis il repart sur Cologne, après avoir dit la messe en l'église d'Avesnes le jeudi 11 juillet.

— Le sous-secrétaire d'Etat aux Affaires étrangères, von Kuhlmann, un grand maigre en uniforme, est à Avesnes, où il séjournera jusqu'au 10 juillet.

Quelles furent les paroles échangées et les discussions entamées entre ce haut personnage et son chef hiérarchique ?

Seul, un télégramme berlinois du 9 juillet fait connaître la solution : « On apprend de bonne source que l'empereur a accepté la démission du secrétaire d'Etat von Kuhlmann. On cite comme son successeur éventuel l'amiral von Hintze, ambassadeur allemand à Christiana. »

C'est, en effet, l'amiral von Hintze qui est appelé à succéder à von Kuhlmann, « démissionné », c'est-à-dire « ayant cessé de plaire. »

Le mercredi 10 juillet, l'amiral von Hintze est à Trélon ; il confère avec le kaiser et prête serment.

Le lendemain, il est à Avesnes ; il confère avec Hindenburg et Ludendorff. Il demande à ce dernier de lui répondre nettement et avec précision, de lui dire « s'il est certain de battre l'ennemi d'une façon décisive et définitive au cours de l'offensive actuelle. »

Ludendorff répète la question qui lui est posée et déclare : « Je réponds par un oui catégorique. »

L'amiral von Hintze est à mentionner tout spécialement, tant il diffère de ses compatriotes.

C'est en grande tenue qu'il est venu à Avesnes. Très coquet, d'allure jeune, de manières affinées, il se révèle homme du monde. S'exprimant en un français correct, il montre un esprit fin et subtil.

Amateur de belles choses, il paraît être un connaisseur averti et expérimenté.

L'amiral von Hintze, ayant connaissance de la situation des habitants au point de vue alimentaire, semble surpris des restrictions apportées par l'autorité militaire occupante. De plus, il déplore les massacres et les désastres, conséquence de la conflagration des peuples. Il est désireux d'une paix prochaine et envisage l'avenir avec appréhension en ce qui concerne les relations économiques et sociales.

Ecrivain indépendant, fervent partisan de la vérité, je ne veux pas mésestimer la valeur de ces déclarations que j'ai tenu à reproduire.

9 Juillet. — Arrivée de 328 prisonniers français et anglais. qui sont dirigés sur le camp de Flaumont-Waudrechies.

Ces prisonniers appartiennent à diverses armes : 6e, 76e, 112e, 115e, 131e, 151e, 201e, 205e, 236e, 256e, 281e, 295e, 321e, 324e, 401e de ligne, 11e et 115e chasseurs alpins, 4e, 11e cuirassiers à pied, 7e dragons, 4e génie, 43e artillerie, 9th Royal Irish Fusiliers Regt, 1st. West Yorkshire Regt.

Les prisonniers qui avaient occupé le camp en 1917 appartenaient à 19 régiments d'infanterie, 3 de chasseurs, 3 d'artillerie.

— Arrivée de malades et de blessés allemands.

— De nombreux avions allemands passent dans l'après-midi au-dessus d'Avesnes et se dirigent vers le sud.

— Dans la soirée, la rue du Grand-Quartier et la rue

Cambrésienne sont consignées à la population civile.

— Il est demandé un relevé des coffres-forts avec indication des dimensions extérieures et intérieures.

11 Juillet. — Arrivée de blessés sérieux, qui sont transportés au Couvent transformé en hôpital.

Racontars du jour : Noyon est repris par les Français. — La Russie recommence la guerre. — La France réclame les habitants des pays occupés.

11 et 12 Juillet. — Assez fortes détonations au sud.

12 Juillet. — Un Avesnois affirme à un autre Avesnois qu'il a rencontré le kaiser qui, accompagné de deux officiers, avait fait le tour de l'église et regardait le paysage, après s'être arrêté sur la place du Marché-aux-Bestiaux.

La nouvelle vient aux oreilles du capitaine-commandant Scheuch ; celui-ci dit qu'il y a erreur et que l'Avesnois a vu un général ressemblant fort à l'empereur.

Le capitaine Scheuch avait réputation d'être très menteur ; pour peu que son interlocuteur eût insisté, il aurait déclaré qu'il s'agissait du général d'infanterie von Quast... qui n'a jamais mis les pieds à Avesnes.

— A 9 heures 20, un aéro allemand survole Avesnes à très faible hauteur et paraît être en faction.

— A 9 h. 55, une détonation fait trembler les carreaux des fenêtres.

— On dit que dans le courant du mois de juin, il y a eu sur Aulnoye dix-neuf visites, de jour ou de nuit, par des avions anglais et français.

— On raconte qu'il est assez facile d'obtenir des laissez-passer pour les villages voisins en accompagnant la demande d'une pièce de beurre ou de monnaie.

Nuit du 13 au 14 Juillet. — Vers 1 heure du matin, on entend, au nord-ouest, trois fortes détonations provenant peut-être de bombes d'avions ; elles sont suivies d'autres détonations émanant peut-être de mitrailleuses et de canons anti-aériens.

On dit, par exemple, que les Anglais font des progrès vers Cambrai ; que les Français ont regagné le terrain qu'ils avaient abandonné précédemment ; que les Russes

ont recommencé la guerre et sont entrés en Allemagne ;
que le feld-maréchal Hindenburg est en disgrâce et se
retire ; que le parti du kronprinz et de Ludendorff l'em-
porte, voulant poursuivre la guerre à outrance, envers et
contre tout ; que le Grand-Quartier général va quitter
Avesnes et retourner à Spa.

Quoi qu'il en soit de ces nouvelles colportées avec conviction, il est un fait indéniable : Guillaume II est attendu
par ses collaborateurs.

A cette occasion, une équipe d'ouvriers civils a été commandée pour nettoyer la gare et balayer les alentours.

Dès 9 heures, les policiers militaires montent la garde
dans les rues ; le service d'ordre est dirigé par le capitaine-
commandant Scheuch qui va, vient, s'ébroue et surveille,
tel un bon chien de berger.

A 10 h. 05, à la sortie de la messe, les assistants civils
sont maintenus près de la porte de l'église et ne peuvent
circuler.

L'Empereur va arriver.

Il arrive ; il est en automobile. Sa voiture est suivie de
deux autres dans lesquelles sont des officiers généraux,
décorés, casqués, bottés, éperonnés.

Pour la circonstance, un drapeau aux couleurs allemandes, tout flambant neuf, a été arboré à l'Hôtel de Ville,
devenu siège de la Commandanture.

Guillaume II et ses suivants se réunissent dans la maison
de M. Deharvengt, où a lieu une conférence d'une demi-
heure environ.

Puis ils se rendent à l'habitation de Mme Dubois-Ravaux, où un grand dîner a été préparé. Des fleurs et des
fruits en quantité garnissent la table impériale ; des gâteaux salés et des biscuits à la cuiller avaient été confec-
tionnés durant une partie de la nuit. A noter que le gâteau
favori de Guillaume II est le plum-pudding ; mais les rai-
sins secs sont absents à cause du blocus malencontreux.

A noter encore que, pendant le banquet impérial, des
officiers subalternes, revenus du front parce que blessés ou
malades, étaient dans la maison de M. Georges Maire, rue
Cambrésienne ; pour célébrer la fête nationale française, ils
firent de nombreuses libations et terminèrent la journée en
chantant la « Marseillaise ».

15 Juillet. — Forte canonnade pendant toute la journée au nord-ouest et au sud.

— A 6 heures, départ de soldats reconnus guéris.

— Visite des hôpitaux par un médecin général inspecteur.

— Les écumeurs continuent leurs opérations : ils enlèvent des pendules, des candélabres, des suspensions, des statuettes en bronze, des tuyaux en plomb, etc., etc.

15 et 16 Juillet. — Les officiers, sous-officiers et soldats logés à Avesnes et à Avesnelles, passent une visite médicale ; un certain nombre d'entre eux sont désignés pour aller au front.

16 Juillet. — A la suite d'un appel fait les 14 et 15 juillet, des femmes et des jeunes filles ont été désignées pour travailler à la campagne.

Certains Allemands sont courageux et ne boudent pas au travail : ils se lèvent la nuit pour aller traire des vaches qui sont dans les pâtures !

— Ordre n° 5298 à faire connaître de suite à toutes les communes et annoncer pour le 18 courant que c'est exécuté : « Il est absolument interdit de porter des coiffures militaires françaises. Les contraventions seront punies d'amende jusqu'à 100 marks ou de cellule jusqu'à 16 jours. — Scheuch, capitaine et commandant. »

— A 15 h. 50 et à 19 h. 25, des avions se dirigent vers le sud, où le canon tonne.

17 Juillet. — Départ, pour le front, des soldats en garnison à Avesnes.

— Arrivée de blessés allemands.

— Canon à l'ouest.

— Des trains, se suivant de demi-heure en demi-heure et contenant des troupes, passent en gare d'Avesnes et se dirigent sur Aulnoye.

— On raconte que les Allemands ont eu 80.000 hommes tués dans la région de Reims ; que les Anglais ont fait des progrès vers Cambrai ; que le maréchal Hindenburg part ce soir avec des officiers de son état-major pour la Russie.

18 Juillet. — Les prisonniers militaires français vont

aux bains-douches. Ne recevant pas de colis de la France libre, ils ont faim...

18 et 19 Juillet. — Canonnade au sud, au sud-ouest, à l'ouest.

— Grand mouvement d'avions allemands.

— Arrivée de blessés allemands.

— Ordre est donné à deux Avesnellois d'aller chercher des grenouilles pour la pêche aux écrevisses dans les étangs de Marbaix. La commune d'Avesnelles doit remettre 3 fr. par jour à chacun des deux grenouillards.

— Les chiffonniers de l'armée allemande font récolte de vieux vêtements à Avesnes et à Avesnelles.

20 Juillet. — Départ, pour le front, de blessés reconnus guéris.

A 10 h. 30 et 10 h. 45, les Allemands tirent le canon contre un avion survolant, très haut et au nord, la région d'Avesnes.

— Un canard atterrit : le kronprinz s'est fait prendre avec son armée du côté de la Marne !

— Huit ouvriers sont désignés pour aller démolir l'observatoire qui a été installé sur Grand-Fayt.

21 Juillet. — Forte canonnade à l'ouest.

— Les uhlans cantonnés à Avesnelles sont remplacés par des chasseurs.

Il y a actuellement beaucoup de troupes à Avesnes et aux environs.

— La Commandanture rappelle aux habitants qu'ils doivent saluer tous les officiers dans les rues, pas avec la main, mais se décoiffer à cinq pas avant d'arriver aux officiers et continuer jusqu'à la hauteur de ceux-ci. Les habitants qui seront pris à ne pas saluer seront punis d'une amende et la Commandanture les fera partir en colonne. Les communes doivent faire annoncer et afficher cet ordre et en accuser réception.

Bien entendu, il n'y avait aucune sanction prévue contre les officiers ne répondant pas au salut des civils.

Lundi 22 Juillet. — A 7 h. 10, 'un cortège traverse la ville ; il est encadré de soldats portant le fusil à la bretelle et de chasseurs policiers ayant le revolver au côté.

Ce cortège est composé d'une vingtaine d'hommes et d'une trentaine de femmes et jeunes filles partant, avec bagages, pour une destination inconnue et une durée indéterminée.

Les Allemands donnent une excuse à ce départ : il y a longtemps qu'en Allemagne les femmes allemandes travaillent pour l'armée allemande !

D'un autre côté, la Commandanture donne l'ordre à tous les hommes valides de répondre à un appel qui aura lieu, dans chaque commune, du 28 juillet au 11 août. Les femmes et les jeunes filles sont également convoquées.

En outre, il est réquisitionné des serruriers, des forgerons, des charrons.

— Dans l'après-midi, le kaiser, le kronprinz, des officiers généraux, occupant quatre automobiles, arrivent par la route d'Etrœungt et s'arrêtent chez Mme Dubois-Ravaux.

Toutes mesures de sécurité et d'hygiène avaient été prises pour sauvegarder la précieuse santé des illustres visiteurs.

La route avait été arrosée à partir du lieu dit Bagatelle ; des gendarmes et des policiers avaient été postés un peu partout sur le chemin à parcourir.

Et, pour le lendemain, il fut confectionné une très grande quantité de gâteaux lourds et massifs, incitant à la beuverie.

Quant aux nouvelles propagées par les personnes bien informées, il n'y a pas encore chômage ; ainsi, on raconte que le Grand-Quartier-Général va retourner et résider à Spa, qu'il sera remplacé par l'A. O. K. 18, actuellement à Ham et à Bohain.

— Du 20 au 22 juillet, de très nombreux trains de Croix-Rouge passent en gare d'Avesnes, où ils s'arrêtent pendant une demi-heure environ. Les blessés reçoivent des soins et de la nourriture dans leurs wagons.

22 et 23 Juillet. — Tir à la cible pour les hommes de la garnison.

23 et 24 Juillet. — Canon au sud.

Arrivée de blessés allemands qui sont répartis dans plusieurs hôpitaux.

Un de ces blessés dit : « Nous ne marchons pas sur Paris ; nous marchons vers le nord. »

24 Juillet. — Plusieurs journalistes allemands sont de retour à Avesnes.

— D'ordre de la Commandanture, les élèves des écoles communales devront, sous la conduite de leurs maîtres et maîtresses, pendant les après-midi des 25 et 26 juillet, de 2 heures à 6 heures du soir (heure solaire 12 et 16), ramasser des épis sur le champ de manœuvres, route de Landrecies. — ANTROP, lieutenant et aide-de-camp.

25 Juillet. — Trois prisonniers français s'évadent du camp de Flaumont-Waudrechies.

—Toutes les communes doivent de suite commencer à cueillir les fleurs de camomille et de tilleul. La fourniture devra être faite chaque samedi, à 8 heures, rue Cambrésienne, n° 21.

26 Juillet. — Arrivée de blessés allemands.
La « Gazette des Ardennes » n'a pas très grand succès auprès des Français : le correspondant dépositaire d'Avesnes ne reçoit que 300 exemplaires de chaque numéro pour les 13 communes dépendant de la Commandanture.

27 Juillet. — L'ancien bureau de postes d'Avesnes porte une enseigne : « Arresthaus der Kommandantur 55 ». C'est une annexe de la maison d'arrêt et de la gendarmerie converties en prison allemande pour Français.
— Arrivée de blessés allemands.
— On annonce une grande offensive allemande pour le commencement du mois de septembre.
— Une batterie anti-aérienne, installée sur Avesnelles, du côté du Quesne Menneché, s'en va pour une destination inconnue.
Déjà une autre batterie, établie près de la route de Haut-Lieu, était partie quelques jours auparavant.

Dimanche 28 Juillet. — Dans la nuit, des coups de fusil ont été tirés pour célébrer un anniversaire quelconque et deux fêtards allemands déambulent encore à 3 h. 10 dans les rues mal pavées et trop étroites. Quoique le vent ne souffle pas en tempête, il y a du tangage, il y a de la houle.

Les deux noctambules chaloupent affreusement. Ils ont le verbe haut : c'est un bruit qui paraît être composé de coquilles de noix concassées, de paille secouée par des fourches et d'éternuements épileptiques.

Les habitants se réveillent en sursaut.

Et, deux heures plus tard, le soleil se lève comme il s'est levé la veille. Car le soleil a cela de bon qu'il n'est jamais troublé par l'usage que font les hommes de leur liberté individuelle.

Et, durant toute la journée, les deux ivrognes allemands sont altérés comme des éponges, alors que des abeilles, par ribanbelle, vont se griser dans le calice des fleurs et que nous faisons un cran de plus à la ceinture...

— La manœuvre de pompes qui devait avoir lieu ce jour est supprimée par ordre de la Commandanture ; le chef des pompiers est le lieutenant Antrop.

— Toutes les céréales étant saisies, il est formé des équipes de surveillants sous la direction de trois officiers allemands.

29 Juillet. — Départ de 75 hommes et de 75 femmes et jeunes filles, dirigés sur l'Aisne et la Somme, où ils doivent aller faire la moisson.

Les racontars du jour : les Allemands reculent leur front. — On va faire évacuer Avesnes et les villages environnants.

30 Juillet. — Départ, dans la matinée, de blessés allemands qui sont guéris.

— Dans la soirée et dans la nuit, on entend le canon à l'ouest et au nord-ouest.

— Ordre de la Commandanture à faire connaître à toutes les communes : « Les prix pour les fruits saisis sont fixés comme suit : frambroises sauvages, o fr. 50 le kilog ; baies de sureau, o fr. 50 ; mûres sauvages, o fr. 50 ; sorbes (cormes), o fr. 50 ; pommes, o fr. 50 ; poires, o fr. 60. Tout le fruit est à livrer sans distinction. Toute contravention sera punie d'amende jusqu'à 3.000 marks et de prison jusqu'à 1 an, ensemble ou séparément. »

— Actuellement, l'amateur français peut trouver du tabac à 100 francs le kilog ; du sucre, à 35 fr. ; du café à 55 fr. en gros et 70 fr. en détail ; de la chicorée à 16 fr. ;

des pommes de terre anciennes à 1 fr. 75 et 2 fr. le kilog ;
des cigares à 1 franc la pièce.

— L'A. K. P. 51 (parc d'automobiles) prend ses dispositions pour un prochain départ.

— Ordre du sous-officier Borner à la mairie d'Avesnes :
« Si le linge de nos officiers supérieurs n'est pas encore fini
jusqu'à demain midi, la Mairie sera punie d'un (sic) amende de 500 marks. »

Les 400 pièces de linge, dont il est parlé dans la réquisition ci-dessus, avaient été remises le 28 juillet à la ville
pour être lavées dans le plus bref délai possible.

31 Juillet. — Des Allemands vont remplacer les militaires dans les bureaux télégraphique et téléphonique qui
sont installés dans la maison de M. Jacquinet père, rue
Gossuin.

Le poste de télégraphie sans fil est toujours chez M.
Lenain, rue d'Albret.

Quant au bureau de poste, il fut assez souvent changé ;
d'abord établi dans la maison Boura, rue Gossuin, il passa
dans la maison Illide, rue de la Gare, puis chez M. Delfosse,
rue de Berry.

— A 9 h. 30, 10 h., 14 h. 05, 14 h. 20, de l'artillerie, se
dirigeant vers le sud, traverse la ville, alors que d'autres
batteries grimpent l'avenue du Pont-Rouge.

Les machines à tuer sont de gros calibre.

— Le lieutenant Antrop offre de céder des marks-papier
à 1 fr. 75.

— A 15 h. 20, un avion allemand atterrit près d'Avesnes.
Les deux aviateurs entrent dans un café et demandent
successivement du vin, du cacao, de la nourriture ; ils
s'étonnent grandement qu'on ne puisse leur fournir ni vin,
ni cacao, ni victuailles. L'avion repart à 17 h. 55.

Nuit du 31 Juillet au 1er Août. — Le canon se fait entendre fortement.

1er Août. — L'église d'Avesnes est à laisser libre le
4 courant, de 7 heures à 9 heures, pour service divin allemand. Même chose pour l'église de Maroilles, à partir de
9 h. 15. — ANTROP, lieutenant et aide-de-camp.

Tous les dimanches, plusieurs églises étaient réquisitionnées pour les Allemands qui laissaient dans ces édifices une odeur spéciale et des poux.

— Après une asez longue absence, plusieurs journalistes allemands sont revenus à Avesnes, où ils ont séjourné du 30 juillet au 1er août.

Quelques-uns d'entre eux sont, à la fois, gais et spirituels ; ce pourquoi, ils aiment à plaisanter, et l'un d'eux ne manqua pas l'occasion de dire à la personne qui fut obligée de le loger : « Nous partons pour Paris... nous allons à Paris... nous entrerons bientôt à Paris... »

Ces journalistes furent reçus soit au Grand-Quartier-Général, à Avesnes, chez M. Deharveng, soit à Avesnelles, villa des Friquets, où résidait le général von Freitag-Loringhoven, chef-adjoint de l'Etat-Major.

Leur correspondance est assez intéressante pour être reproduite.

Le docteur Georg Wegener écrit à la *Gazette de Cologne* :

« Front de l'ouest, 31 juillet. — A l'occasion d'un passage du Grand-Quartier-Général, nous eûmes l'occasion de voir aussi bien le général Ludendorff que le général feld-marschall von Hindenburg lui-même et de leur parler. Le général Ludendorff, qui nous reçut le premier, s'exprima à peu près comme suit :

« Le plan de notre attaque du 15 juillet n'a pas réussi cette fois stratégiquement ; il n'a donné que des résultats tactiques. L'ennemi connaissait le lieu et le moment de notre attaque. Il évita notre coup avec une décision et des mesures qu'on ne peut pas refuser de reconnaître au général en chef français. Aussitôt que nous reconnûmes que la continuation de l'offensive nous aurait coûté de trop grands sacrifices, nous l'arrêtâmes dès le 16 juillet au soir, pour ménager nos troupes, comme nous avions fait d'ailleurs dans nos précédentes offensives, à l'instant où les pertes devenant plus grandes pour nous que ce que nous pouvions en retirer et qui les aurait justifiées. Maintenant surgit, sur un autre point, la contre-attaque de l'ennemi, qui obtint le succès inévitable de début. Nous avions supposé et attendu cette attaque comme une action tout à fait logique. Il arriva, là-dessus, qu'il fallut faire échouer le plan existant d'un succès décisif en maintenant nos pertes aussi faibles que possible. Nous l'avons empêché de mettre à exécution son dessein de nous couper des troupes et du matériel de guerre qui se trouvaient dans l'échancrure de terrain que nous avions pratiquée entre Soissons et Reims. Suivant un plan, nous avons alors abandonné à l'ennemi une partie du terrain ; par contre, les troupes et le matériel ont été transportés dans une position sûre. Il n'y a pas lieu d'attacher une importance quelconque à ce territoire. Ah ! s'il s'agissait du sol allemand, la perte de tout village serait douloureuse. Mais nous avons suffisamment de terrain ennemi. Notre tâche n'est pas de gagner du terrain ou de le garder à tout prix, mais de diminuer la force de combat de l'ennemi. Gain de terrain, ligne de la Marne, sont des grands mots qui n'ont qu'une signification passagère, mais qui sont sans importance pour l'issue de la guerre. Les opérations que nous avons faites depuis l'ataque de l'adversaire ont, à côté de notre propre sécurité, atteint ce but : que l'adversaire a subi des pertes extraordinaires et en subit encore. Nous n'estimons pas au-dessous de sa valeur l'accroissement en nombre que l'ennemi obtint par l'arrivée des troupes américaines. Les lourds sacrifices qu'il s'impose maintenant sans succès sont d'autant plus importants. Voilà la situation actuelle.

« Ce que nous ferons prochainement, je ne puis naturellement pas vous le dire. Mais vous pouvez en être certain, et vous devez en avoir l'impression de moi-même qu'après, comme avant, nous sommes animés de la meilleure confiance.

« Le général feldmarshall, à qui nous nous adressâmes ensuite, nous esquissa tout d'abord en peu de mots une image tout à fait semblable de la situation. Il s'enquit ensuite de quelles positions du front nous venions. Il constata avec joie que plus on avançait, plus le calme et la sûreté de la compréhension augmentaient. Il se laissa aller ensuite avec un visible mouvement intérieur à une haute appréciation de ce que nos vaillantes troupes avaient présentement fait de nouveau, comment en particulier notre fantassin, sur les épaules duquel pèse toujours le poids le plus lourd du combat, maintient sa réputation au plus haut point et s'est montré en rase campagne supérieur à l'adversaire. Mais il fit aussi un grand éloge de toutes les autres armes. Il n'oublia pas non plus de mettre en évidence les troupes des colonnes et celles qui ont pour mission de transmettre les avis ; ces troupes, sous les plus grandes difficultés, ont excellemment rempli leur devoir. Il mentionna particulièrement les services des voies ferrées qui, souvent en plein feu, construisent leurs lignes et maintiennent leurs communications. Il dit : Nous avons déplacé le combat sur un terrain plus favorable pour faciliter les conditions de vie par un transport assuré. Informez le pays de ce que font nos troupes et en même temps de la confiance qui nous remplit tous.

« Certainement, quatre années de cette guerre ne sont pas une petite chose. Si toutefois nous continuons tous à nous conduire comme dans ces quatre années, nous réussirons. Ce que nous voulons particulièrement est une paix honorable, et, si vous voulez dire aussi quelque chose de moi, ajouta-t-il en riant, vous pouvez déclarer, à l'égard des faux bruits, que, conformément à la vérité, vous m'avez vu devant vous en personne et en bonne santé. Je n'ai pas été enrhumé une seule fois. Vous pouvez aussi me tâter si vous voulez, je ne suis pas un fantôme.

« La chaude et forte poignée de main avec laquelle il nous congédia le démontra pleinement ; et le calme, ferme, plein de force, même enjoué, cette vue confiante des choses que nous trouvâmes ici réellement auprès des chefs suprêmes du haut commandement de l'armée, nous la trouvâmes aussi près des troupes du front, et la domination certaine de la situation qui découlait des paroles et du parfait naturel du commandant en chef nous convainquirent tous. Nous pouvons envisager réellement avec une confiance sans limite le développement ultérieur des événements sur le front. »

De son côté, M. Karl Rosner, correspondant du *Lokal Anzeiger,* a noté ces paroles du feldmaréchal :

« Il ne faut pas oublier que nous ne travaillons pas ici avec une machine, mais avec le sang sacré du peuple allemand. Nous voulons conserver le peuple allemand et l'armée en pleine force et en pleine possession de leurs ressources, dont il auront besoin en temps de paix comme

VI

ils en ont besoin aujourd'hui pour arriver à notre but à tous qui est la paix.

« Nos dernières réserves sont constituées d'hommes forts. et joyeux au travail qui, lorsqu'ils rentreront du front, reprendront leurs travaux pacifiques. Ces hommes, nous voulons les conserver. Nous ne voulons pas arriver au but avec une machine cassée, mais avec un peuple fort et solide qui, au moment où il déposera les armes, sera capable de reprendre ses travaux et de se remettre au labeur le même jour. »

2 Août. — Le kaiser a éprouvé le besoin d'adresser des manifestes à son armée, à sa marine, à son peuple. Il dit aux guerriers :

« Quatre années d'une rude guerre sont derrière vous. Le peuple allemand a résisté victorieusement à tout un monde d'ennemis, en commun avec ses fidèles alliés, conscient de sa juste cause, appuyé sur sa bonne épée et confiant dans le secours et la grâce de Dieu.

« Dans la première année de la lutte, votre impétueux esprit d'offensive a porté le combat en territoire ennemi, épargnant ainsi à notre Patrie les horreurs et les dévastations de la guerre.

« Dans la deuxième et la troisième année, vous avez brisé par vos coups écrasants la force de l'ennemi à l'Est. Entre-temps, vos camarades ont bravement et victorieusement tenu tête à la formidable supériorité numérique de l'ennemi à l'Ouest. Comme fruit de ces victoires, la quatrième année de guerre nous a apporté la paix à l'Est. A l'Ouest, l'ennemi a été sensiblement atteint par la puissance de votre attaque. Les batailles gagnées au cours des derniers mois comptent parmi les plus glorieux faits d'armes de l'histoire allemande.

« Vous avez à livrer un rude combat. Les efforts désespérés de l'ennemi continuent à échouer, comme jusqu'ici, grâce à votre bravoure. J'en ai la certitude, que partage la Patrie entière, les armées américaines ne nous font pas peur. Ce n'est pas la supériorité numérique, c'est l'esprit qui décide du succès. L'histoire de la Prusse et de l'Allemagne, de même que le cours de la présente guerre jusqu'à ce jour nous en fournissent la preuve.

« En fidèle camaraderie avec mon armée, ma marine soutient, avec son inébranlable volonté de vaincre, la lutte contre un adversaire maintes fois supérieur. En dépit des efforts réunis des plus grandes puissances navales du monde, les sous-marins poursuivent, opiniâtrement et sûrs de leur succès, l'attaque contre la force combative et vitale que le trafic maritime apporte à l'ennemi. Toujours prête au combat, la flotte de haute mer fraye infatiguablement aux sous-marins la voie de la mer libre et protège, avec l'aide des défenseurs des côtes, les sources de leur force.

« Loin de la Patrie, un petit groupe héroïque de nos troupes coloniales résiste vaillamment à la supériorité écrasante de l'adversaire.

« Nous gardons respectueusement le souvenir de tous ceux qui ont donné leur vie pour la Patrie.

« Pénétrée du souci d'aider les frères au front, la population restée au foyer se dévoue et se sacrifie, en mettant toute sa force au service de notre grande cause.

« Il nous faut continuer la lutte, et nous la continuerons jusqu'à ce que la volonté de nos ennemis, qui vise notre anéantissement, soit brisée. Dans ce but, nous consentirons tous les sacrifices et ferons tous les efforts. L'Armée et la Patrie sont indissolublement unies dans ce sentiment. Leur solidarité unanime, leur inébranlable volonté de vaincre nous donneront la victoire dans cette lutte pour le droit et la liberté de l'Allemagne ! Dieu fasse qu'il en soit ainsi ! — WILHELM I. R. »

L'appel au peuple diffère peu de celui à l'armée et à la marine ; il est tout aussi... allemand.

« Quatre années de rude lutte se sont écoulées, pleines de hauts faits à jamais mémorables. Ce que peut un peuple luttant pour la plus juste des causes : la défense de son existence, notre Patrie en a fourni un exemple immortel. Vénérant avec gratitude la main divine qui protégea l'Allemagne de sa grâce, nous pouvons affirmer fièrement que nous ne nous sommes pas montrés indignes de la tâche formidable qui nous fut imposée par la Providence.

« Si notre peuple a trouvé, dans sa lutte, des chefs capables des plus hautes réalisations, il a d'autre part fidèlement prouvé tous les jours qu'il méritait d'avoir de tels chefs.

« Comment notre force armée eût-elle pu accomplir sur le front ces remarquables faits d'armes, si le pays entier n'avait consacré à son travail le maximum de ses énergies individuelles.

« Merci à tous ceux qui, dans ces circonstances particulièrement difficiles, ont collaboré à la tâche multiple de l'Etat et des communes ; merci surtout à nos fonctionnaires fidèles et infatigables ; merci aux agriculteurs et aux citadins ; merci aux femmes sur lesquelles pèse, en ces temps de guerre, un si lourd fardeau.

« La cinquième année de la guerre, qui commence aujourd'hui, n'épargnera pas au peuple allemand de nouvelles épreuves et de nouvelles privations. Mais, quoi qu'il advienne, nous savons que le pire est surmonté. Ce qui a été réalisé par nos armes et assuré par les traités de paix dans l'Est, et ce qui s'achève à l'Ouest nous donne la ferme conviction que l'Allemagne sortira ferme et forte de cette tempête des peuples qui a jeté bas plus d'un tronc puissant.

« En cette journée des souvenirs, nous songeons avec douleur aux lourds sacrifices que la Patrie a dû s'imposer. La terrible guerre a creusé de profondes lacunes dans nos familles ; sa douleur n'a épargné aucune maison allemande. Les jeunes garçons qui saluèrent jadis, dans leur enthousiasme juvénile, les premières troupes partant pour le front, combattent eux-mêmes aujourd'hui aux côtés de leur père et de leurs frères.

« C'est notre devoir sacré de tout faire pour que ce sang précieux ne soit pas répandu en vain. Et nous n'avons rien négligé pour ramener la paix dans le monde déchiré. Mais la voix de l'humanité, on se refuse encore à l'écouter dans le camp de nos ennemis. Chaque fois que nous avons prononcé des paroles de conciliation, on nous accabla de haine et de mépris. Nos ennemis ne veulent pas encore la paix. Ils continuent sans vergogne à souiller, de leurs calomnies toujours nouvelles, la pureté du nom allemand. Leurs porte-paroles ne cessent de clamer que l'Allemagne doit être anéantie.

« Il nous faut donc continuer à lutter et à travailler jusqu'à ce que nos ennemis soient prêts à reconnaître notre droit de vivre, tel que nous l'avons défendu et conquis, en tenant victorieusement tête à la formidable puissance de leur assaut. Avec l'aide de Dieu ! — WILHELM I. R. »

D'après le peu de renseignements recueillis en territoire occupé, on sait qu'en 1918 quatre offensives ont été déclanchées par les Allemands : le 21 mars sur la Somme, le 27 mai sur Noyon-Soissons, les 10-11 juin sur les rives de l'Oise, les 14-15 juillet sur Epernay.

Le but était : d'investir et assiéger Paris, de séparer l'armée anglaise de l'armée française, de s'emparer de la Normandie.

Relativement à ce dernier projet, un officier prophétisait un jour, en février 1918 : la Normandie n'y échappera pas plus que le Nord et le dernier mot n'est pas dit.

En se rendant maître de la Normandie, les Allemands voulaient en faire leur grenier d'abondance par l'établissement de commandantures d'étapes. Les habitants du Nord auraient été placés sous le même régime que les Belges.

Mais le plan conçu par le Grand Etat-Major échoua... Le Grand Etat-Major fut « chocolat... »

Relativement au peuple allemand, que le kaiser remercie dans son manifeste, il n'est pas inutile d'indiquer quelle est sa situation.

Dans chaque ville, l'alimentation est réglementée et la portion attribuée à chacun ne doit pas être très élevée, car beaucoup de militaires essaient d'envoyer à leur famille des vivres achetés ou volés.

A Hambourg, par exemple, chaque habitant n'a droit qu'à 500 grammes de pommes de terre par semaine et le cultivateur, gros et gras, ne vend au prix fort que les produits qu'il a en supplément.

Ceci n'empêche pas l'ouvrier d'occuper, dans les théâtres, les premières et les meilleures places...

2 Août. — Départ de blessés guéris et remplacés par des blessés sérieux transportés sur autos-ambulances. Et on raconte qu'il doit arriver 15.000 blessés à Avesnes !

On dit aussi qu'il est attendu des troupes pour Avesnelles et les autres communes.

3 Août. — Arivée de blessés allemands dans l'aprèsmidi ; il n'y en a pas 15.000.

— Les officiers supérieurs du Grand-Quartier-Général sont à Spa. Du coup, les personnes bien renseignées informent les autres que le Grand-Quartier-Général doit quitter Avesnes le 8 août.

— Les Enfants d'Avesnes sont réquisitionnés pour glaner sur le champ de manœuvres.

— Il y a actuellement à la prison allemande 392 pensionnaires dont 42 prévenus de délits de droit commun.

4 Août. — C'est dimanche ; les langues marchent plus vite ce jour-là qu'en semaine et les nouvelles, plus ou moins vraisemblables, sont colportées de maison en maison.

Quel est l'auteur principal de ces racontars ? On ne le sait jamais ; mais on a toujours croyance en ce qui est dit avec assurance.

C'est ainsi qu'on apprend que :

1° Une grande offensive allemande se déclenchera au commencement du mois de septembre ;

2° Il y a du flottement dans l'armée allemande ; le soldat commence à se fatiguer et à désespérer, il a des velléités de désobéissance et d'insubordination ;

3° Au cinéma d'Avesnes, des soldats auraient manifesté leur mécontentement contre les officiers supérieurs et en particulier contre Hindenburg ;

4° Des fantassins et des cavaliers allemands se sont battus à Avesnelles ; un fantassin a été fortement blessé à la tête ;

5° Le boucher allemand qui dirige l'abattoir gagne beaucoup d'argent ; il aurait refusé de vendre, pour la forte somme, au maréchal Hindenburg, sa basse-cour composée d'une cinquantaine de dindes, oies, canards et poules ;

6° Le frère du lieutenant Antrop serait inculpé, en Allemagne, dans une affaire de falsification de denrées ;

7° Il y a quinze jours, les Français ont fait sur la Marne 125.000 Allemands prisonniers ; ils ont pris 8.000 mitrailleuses, 2.000 wagons et quantité de gros canons. Les journalistes n'en parlent pas, mais le renseignement est certain. Et vous verrez — ajoute le bon et réconfortant informateur — d'ici un mois il y aura une surprise : nous serons délivrés.

5 Août. — Départ dans la matinée, de blessés guéris.

— L'amiral von Hintze est à Avesnes.

— Ordre à toutes les communes : « Il y a peu de temps,

la Commandanture a fait connaître que le contenu des
caisses d'œufs ne correspondait pas au nombre d'œufs inscrits sur les caisses. Cet ordre n'a pas été exécuté. C'est
pourquoi on le rappelle aux communes. A l'avenir, pour
chaque œuf manquant — différence entre l'indication et
le contenu véritable — il y aura une amende de 3 marks.
— SCHEUCH, capitaine et commandant. »

— De grandes glaces, des tableaux et des gravures sont
réquisitionnés dans toutes les communes de l'étape, pour
orner les chambres des dames téléphonistes.

Les Ecumeurs continuent à recueillir des pendules, des
candélabres, des cafetières, des théières, même des lampes
à acétylène fournies par la C. R. B.

Les Allemands prennent dans les caves ou les greniers
les bouteilles vides qui s'y trouvent.

6 Août. — La *Gazette des Ardennes* publie ces lignes
dans le n° 698 :

« ...Admettons pour un instant l'improbable, l'impossible éventualité d'une défaite allemande. L'Allemagne de
demain, en dépit des entraves et des violences, resterait le
peuple sain, jeune et vigoureux qui s'est révélé au cours
de la grande épreuve historique qu'il traverse depuis quatre
ans. Et la France resterait la voisine de ce grand peuple
opprimé qui n'aurait qu'un désir : reconquérir sa liberté et
son droit de grande nation dont les rancunes, les haines et
les jalousies l'auraient injustement privé. Une nouvelle
guerre franco-allemande, plus implacable encore que celle-ci
deviendrait inévitable... »

7 Août. — Canon au sud ; la canonnade continuera jusqu'au 11 août.

Des troupes sont de passage à Avesnes.

— Voici quelques renseignements au sujet du canon
monstre qui bombarde Paris.

Ce canon a, pour le servir, 300 hommes, lesquels sont
gardés sévèrement et n'ont pas de rapports avec le monde
extérieur. Des sentinelles veillent à un kilomètre de l'enceinte spéciale où sont le canon et les projectiles. Défense
est faite, même aux soldats allemands, d'approcher de la
dite enceinte.

Le canon peut tirer trois séries de 6 coups, soit 18 coups en tout et pour tout. Après chaque série, la déformation de l'âme de la pièce amène un changement de projectile variant alors de diamètre.

8 Août. — Départ de blessés guéris.

— Un Avesnellois bien renseigné informe un Avesnois qu'il n'y aura plus de grande offensive allemande cette année.

— Un lieutenant dit à une Avesnoise : « Ce n'est plus la peine que nous allions au front maintenant. Nous sommes perdus. Nous avons les Français au... derrière. »

C'est avec plaisir extrême qu'on entend ces propos.

9 Août. — Départ de blessés remplacés par d'autres.

Samedi 10 Août. — Les habitants de la route de Landrecies, voisins du restaurant impérial, ne peuvent plus recevoir de visites.

Le kaiser est certainement attendu, car les pâtissiers impériaux et royaux confectionnent, dès le matin, une grande quantité de gâteaux secs et préparent l'enveloppe d'un vol-au-vent.

A 13 heures, les rues de la ville donnant accès sur la route nationale n° 2 sont barrées ; la circulation est interdite par les chasseurs policiers.

Un récipient automobile, camouflé et rempli d'eau, parcourt la voie principale et arrose les pavés disjoints.

Le capitaine-commandant Scheuch, dans une voiture à deux chevaux, est partout : il veut se rendre compte que ses ordres sont exécutés et que toutes les dispositions sont prises pour éviter un attentat abominable.

A 14 heures 33, l'automobile impériale traverse la Grand'Place et s'arrête chez M. Deharveng.

Le kaiser est au fond, à droite ; son teint coloré fait ressortir la moustache plutôt blanche. Un officier est près de Guillaume II.

Trois autres automobiles, contenant des officiers supérieurs, suivent la première.

A 15 heures 45, l'empereur et sa suite reprennent place dans le train qui était resté en gare.

Scheuch est rayonnant. Tout s'est bien passé : pas d'accrocs, pas de manifestations, pas de tentative criminelle.

Scheuch pourra, à nouveau, se livrer à la recherche de denrées alimentaires et d'objets antiques.

Dans l'après-midi et la soirée, de nombreux et grands blessés allemands arrivent à Avesnes.

11 Août. — Manœuvre de pompes dans la matinée.

Les civils, détenus à la prison allemande, ont faim et se plaignent auprès du délégué régional de la C. R. B. qui n'en peut mais.

— Durant toute la journée, de nombreux aéros survolent Avesnes. Les aviateurs pourraient, de leur carlingue, voir le beau désordre qui règne sur la place Guillemin.

C'est le contrôle, le visa des cartes d'identité. Chacun veut passer devant le voisin et, comme il n'y a pas de service d'ordre, on se presse fortement, on se bouscule copieusement

Dans la nuit du 11 au 12 août, forte canonnade à l'ouest et au nord-ouest.

12 Août. — Les généraux allemands, autrichien, turc et bulgare assistent à une séance-conférence cinématographique et partent, avec les autres officiers, pour Spa, où ils séjourneront jusqu'au 15 août.

— Un autre départ a lieu le même jour : celui de plusieurs ouvriers civils allant travailler au parc d'automobiles A. K. P. 51 qui s'est transporté à Guise.

— Cet ordre est remis à la mairie : « Il est défendu aux habitants de circuler sur la route de Landrecies, entre la rue du Jeu-de-Balle et l'avenue du Pont-Rouge, lorsque MM. les officiers supérieurs se rendent à leur Casino pour y prendre leurs repas.

— On voit des officiers ayant une nouvelle décoration qui est placée au côté gauche du corps, au-dessus de la hanche, près de la Croix de fer de 1re classe. Cette plaque porte, estampés en relief, un casque de guerre et deux épées croisées. Elle est décernée aux militaires ayant passé un certain temps au front et ayant été blessés.

13 Août. — Des exercices de tir au canon ont lieu du côté de Maubeuge. Du coup, le public se livre à des commentaires très fantaisistes et presque abracadabrants.

— Le ravitaillement C. R. B. de la semaine est plutôt

maigre pour Avesnes ; il indique : lard, 1 fr. 35 ; phosphatine, o fr. 27 ; café, o fr. 56 ; soude, o fr. o8 ; savon, o fr. 35. Au total, 2 fr. 61.

14 Août. — De fortes explosions sont entendues à 7 h. 42, 8 h. o6, 8 h. 22, 8 h. 40, et font vibrer les carreaux des fenêtres.

— La Commandanture réquisitionne les baies de toutes les communes et les paie au kilog : mûres sauvages, 1 fr. ; framboises des bois, 1 fr. ; baies de sureau, o fr. 80 ; baies de sorbier, o fr. 80.

15 Août. — Des officiers embusqués vont à la chasse et rapporte du gibier.

Dans la nuit du 15 au 16 août, deux avions allemands survolent Avesnes ; ils lancent des fusées et allument, par intermittence, leur phare rouge. Détonations de bombes à l'ouest.

15 et 16 Août. — Canonnade ininterrompue. C'est un roulement continu et parfois une forte détonation vient fournir une note plus accentuée, comme la grosse caisse qui, dans un morceau de musique, réveille les inattentifs ou les somnolents.

Du 12 au 17 août, on avait constaté de grands mouvements de troupes voyageant sur routes ou par chemin de fer.

Dans la nuit du 16 au 17, un long convoi d'artillerie fait halte dans les rues de la ville. Pendant que les officiers consultent la carte d'état-major à l'aide de la petite lanterne électrique, les hommes secouent leur torpeur, descendent de leur siège, forment des groupes. D'autres s'asseyent à bordure des trottoirs et allument la pipe de guerre. Des conversations s'engagent, de gros rires se font entendre et le canon retentit toujours au loin.

— Le 16 août, dès 5 h. 15, le réservoir automobile avait abattu la poussière dans les rues pour le retour des officiers du Grand-Quartier général revenant de Spa.

A 6 h. 20, c'est une première série de 9 automobiles qui arrive de la gare et qui est suivie d'une autre série de 10 voitures. Ce va-et-vient durera trois quarts d'heure.

— Le capitaine-commandant Scheuch invite, par affiche, les habitants à gagner de l'argent en cueillant des mûres, des framboises, des baies de sorbier et de sureau.

Il pense réellement à tout, ce gros garçon pataud, courtaud, rustaud, rougeaud, pas beau.

Et c'est ainsi qu'il ordonne de déposer à la laiterie de Dompierre toutes les écrémeuses de la région.

17 Août. — A 8 h. 45, passage, par l'avenue du Pont-Rouge, d'un régiment à faible effectif ; il est précédé de sa musique. D'autres troupes suivent dans l'après-midi.

— Arrivée de quelques prisonniers militaires français.

— On apprend par la *Gazette des Ardennes*, que l'empereur d'Autriche a assisté aux conférences qui se sont tenues à Spa du 13 au 15 août.

Voici, en effet, ce que l'on peut lire dans les numéros 707 et 708 de ce journal :

A. « Grand-Quartier-Général, le 15 août. — Depuis hier, l'empereur Charles d'Autriche est l'hôte de l'empereur Guillaume II au Grand-Quartier-Général allemand où se discutent actuellement entre hommes d'Etat et chefs militaires les questions militaires et politiques d'actualité. »

B. « Le bloc du Mitteleuropa est affermi, cimenté par la haute direction politique et économique que la méthodique et laborieuse Allemagne a su faire accepter. La récente entrevue des deux empereurs au Grand-Quartier-Général révèle un accord parfait sur toutes les questions. L'alliance de l'Autriche et de l'Allemagne se trouve élargie, approfondie... »

Le 15 août, Ludendorff avait reconnu, en présence du chancelier Hertling, du secrétaire d'Etat Hintze et du maréchal Hindenburg, que la guerre ne pouvait plus être gagnée militairement.

18 Août. — Départ de blessés qui sont guéris et remplacés par d'autres.

— Passage de troupes allant prendre le train.

— Le ravitaillement C. R. B. pour 15 jours a été ainsi fixé : 400 gr. de viande, 300 gr. de pois, 300 gr. de céréaline, 500 gr. de saindoux, 100 gr. de flocons d'avoine, 300 gr. de sucre, 200 gr. de cacao, 200 gr. de sel.

— Il est placardé sur les murs un avis émanant du commandant en chef de l'armée et débutant par cette phrase :

« L'armée allemande garantit aux habitants la sécurité complète pour leur personne et pour leurs biens, tant qu'ils ne commettent aucun acte hostile contre les troupes allemandes. »

Suit une longue nomenclature des peines qui peuvent être infligées aux délinquants.

19 Août. — A 18 h. 30, arrivée en gare d'officiers supérieurs étrangers qui sont conduits au Grand-Quartier général dans trois automobiles.

Le racontar du jour : on a fait 120.000 prisonniers allemands sur Arras !

20 Août. — Un Avesnois fait échange avec un Allemand de 500 grammes de graisse contre 500 grammes de sucre en poudre. La graisse vient de la C. R. B. et est véritable ; le sucre n'est qu'à la surface du sac dont les trois quarts sont remplis de sel. A malin, malin et demi.

Le canard du jour : les Allemands ont 1.000 canons pour défendre Maubeuge.

Les réquisitions du jour : 76 serviettes de table, 82 essuie-mains, 95 draps de lit.

20 et 21 Août. — Arrivée de blessés allemands.

Du 22 au 23 Août. — Forte canonnade au sud-ouest.

23 Août. — Arrivée de blessés allemands. Nombreux passages d'avions.

— Exercices de tir d'artillerie pendant toute la journée et une partie de la soirée dans la direction du nord.

Un officier du Grand-Quartier-Général, revenant de permission, dit qu'il passera l'hiver à Avesnes.

— Guillaume II séjourne à Avesnes de 7 heures à 9 heures.

— Une Avesnoise, très informée sur les faits de guerre, raconte à ses voisins et voisines que les Anglais ont toujours la Maison Botanique.

La Maison Botanique ? Est-ce en France, en Belgique, en Egypte ?

On cherche, mais c'est en vain que l'exploration, quoique consciencieuse, a lieu.

Finalement, un débrouillard ayant beaucoup voyagé, donc ayant beaucoup vu et retenu, découvre la Mésopotamie...

— Le maïs remplace l'orge dans la nourriture des chevaux de MM. les officiers.

La farine grise remplace la farine blanche pour les petits pains de MM. les officiers supérieurs.

— On transporte des blessés pendant la soirée.

— On entend le canon au sud-ouest.

— Dans la matinée, il avait été procédé à l'enterrement d'un prisonnier civil nommé Victor Cornut.

Celui-ci avait tenté de s'évader de la maison d'arrêt le 22 août. Rejoint par les policiers alors qu'il s'était réfugié dans le jardin d'une maison voisine, il fut battu par un Allemand et mordu par un chien s'acharnant sur lui.

Réintégré dans la prison allemande. Cornut succomba à ses blessures.

25 Août. — Les prisonniers du camp de Flaumont vont aux bains-douches.

27 Août. — Arrivée de troupes qui sont embarquées en musique à la gare d'Avesnes.

— Arrivée de blessés allemands qui viennent en remplacer d'autres à peu près guéris. Les partants pour l'Allemagne se présentent chez les mercantis pour acheter du linge et des vêtements.

28 Août. — Arrivée de blessés allemands et français.

— Les militaires français internés à Avesnes ont faim. Quelques habitants, n'ayant que le strict nécessaire pour vivre, viennent cependant en aide à leurs compatriotes, malgré les défenses formelles de l'autorité allemande.

A la prison civile, il y a 487 détenus dont 53 prévenus de droit commun.

— Depuis quelques jours, des canons spéciaux contre les avions sont, à nouveau, installés autour de la ville.

30 Août. — Tir à la cible pour la garnison ; exercices d'artillerie au nord.

— On pourrait supposer qu'il y a un peu de flottement dans les formations allemandes.

Un hôpital devait être installé dans le garage d'automobiles de la rue de Maubeuge. Contre-ordre est donné : c'est l'A. K. P. 51 qui va revenir de Guise et reprendre les ateliers et magasins.

Il est question d'établir des hôpitaux dans les maisons de l'avenue du Pont-Rouge. Contre-ordre est donné : ces habitations sont à réserver pour des officiers de l'Etat-Major. Ces officiers vont loger à Haut-Lieu et à Saint-Hilaire.

On dit qu'au 1er septembre, Maroilles, Taisnières et Noyelles seront rattachées à la Commandanture de Landrecies ; que Cartignies fera retour à Avesnes. Le 8 septembre, ces changements ne seront pas encore réalisés.

31 Août. — Allées et venues de troupes d'infanterie et d'artillerie. Les véhicules et les canons de gros calibre sont peints en noir, en vert, en jaune, en marron.
Canonnade à l'ouest.

Ordre à la mairie d'Avesnes : « La Mairie doit préparer dans le voisinage de la fabrique Thomas, des logements pour 7 jeunes filles françaises, 10 hommes français et un couple de même nationalité. Ces personnes travaillant dans l'imprimerie de l'armée, il faut bien les loger. Les logements sont à annoncer de suite à la Commandanture. — Antrop, lieutenant et aide-de-camp. »

En plus de son imprimerie, destinée à la composition de placards et de journaux, l'autorité militaire allemande avait en territoire occupé un matériel complet pour l'exécution de cartes d'état-major.

Ce dernier service était sous la direction d'un cartographe bien connu, M. Van Hoven, qui avait à sa disposition des pierres à héliogravure, des planches aluminium, etc. Le travail s'effectuait à Avesnes, à Dourlers, à Maubeuge.

— Il est arrivé à Avesnes quatre journalistes de nationalités différentes. L'un et Autrichien, un autre Hongrois, le troisième est Turc et le quatrième Bulgare.

Après avoir pris langue au Grand-Quartier-Général, ils partent le dimanche 1er septembre, dans la matinée, et sont accompagnés par un officier d'état-major.

— Depuis le 29 août, deux gendarmes et deux chasseurs policiers visitent les caves des maisons de la Grand'Place et des rues avoisinantes. Ils sont armés de pics, de pioches, de bêches.

— Les racontars du jour : on fait évacuer Douai ; on fait évacuer Cambrai.

Nuit du 31 Août au 1ᵉʳ Septembre. — Canon à l'ouest et mouvement de troupes.

1ᵉʳ Septembre. — Nous sommes, depuis longtemps déjà, au régime du pain marron. En plus des biscuits et des gâteaux salés, les pâtissiers du Grand-Quartier-Général confectionnent des tarterons aux pommes, ainsi que des gâteaux feuilletés et additionnés de fromage.

Beaucoup de troupes sont logées dans les communes des environs. Des soldats vont traire les vaches dans les pâtures ou « emprunter » des légumes dans les jardins.

2 Septembre. — Départ de blessés guéris.

Enterrement de 13 militaires, dont 2 français.

Il est 19 heures. Le soir tombe pour ne pas se relever. Un troupeau gris s'avance et gravit lentement la Grand'Rue d'Avesnes. Ce sont des blessés allemands qui, heureux d'avoir échappé à la mort et satisfaits d'être à destination, se rendent, clopin clopant, dans les hôpitaux de la ville haute.

Ils vont doucement. Leur joie est muette.

Sur le territoire occupé règne un empereur germain et sur la petite cité un silence religieux, un silence obligatoire.

Ce silence ne sera troublé que vers 20 heures et demie par le bruit des sabots des chevaux militaires et par le roulement de lourds canons sur les pavés mal joints.

Un cavalier, doué d'une voix de corde à puits, lance un commandement. Le convoi s'arrête et stationne durant un quart d'heure ; puis il sé remet en route et s'avance dans la nuit.

Plus tard, jusqu'au matin, la canonnade se fera entendre, lointaine, incessante, ininterrompue.

3 Septembre. — De 7 h. 30 à 8 heures, passage en ville d'un régiment d'artillerie qui prend la direction de Solre-le-Château, par le chemin Saint-Liénard, à Bas-Lieu.

Les canons, les caissons, les voitures sont bariolés de couleurs diverses.

Quelques chevaux d'officiers sont fleuris d'un dahlia.

Pendant ce passage, les perquisitionneurs opèrent dans la Grand'Rue et enlèvent des bouteilles vides, des pots en grès, d'autres objets à leur convenance.

Passage d'aéros dans la journée.

Embarquement de troupes à la gare.

Retour au garage d'Avesnes des ouvriers partis à Guise le 12 août.

Nuit du 3 au 4 Septembre. — Canonnade ininterrompue. Circulation de camions automobiles. Transport de grands blessés.

4 Septembre. — Embarquement de troupes. Passage de voitures romanichels. Canonnade pendant toute la journée. Arrivée de blessés.

Une mitrailleuse est installée sur l'ancien Champ de Mars, près du tir à la cible.

Des clôtures en fil de fer barbelé sont posées autour de la promenade du Jeu de Balle.

L'observatoire qui était à Grand-Fayt, a été transporté à la Thiellerie, sur Saint-Hilaire.

Un pasteur allemand annonce qu'il y aura un grand événement sous peu et que le pays sera évacué dans un mois.

Des Avesnois affirment que les habitants vont être forcés d'évacuer et que la ville sera détruite après l'évacuation.

Un autre Avesnois dit qu'on lui a dit que des officiers du génie étudient les environs pour établir une ligne de défense.

On raconte que les officiers du Grand-Quartier-Général sont satisfaits de la situation et qu'ils sont sûrs de la victoire.

5 Septembre. — Arrivée de blessés. Rentrée des ouvriers et ouvrières emmenés le 22 juillet dans les environs de Ham.

— M. Pinder, professeur de l'Université, à Strasbourg, actuellement conservateur du musée installé à Maubeuge, visite les églises et les collections pour noter les objets précieux à garantir et sauvegarder des suites de bombardements éventuels.

6 Septembre. — M. le professeur docteur Goessler, conservateur du musée d'antiquités de Stuttgart, vient renforcer M. le professeur Pinder à l'effet de prendre des mesures pour préserver les œuvres d'art et les objets de valeur appartenant, soit à des sociétés savantes, soit à des particuliers.

— Canonnade pendant toute la journée ; après, canonnade de nuit.

— Les chevaux militaires reçoivent des rations de « cassonade », c'est-à-dire de sucre non raffiné. On peut remarquer que les repas de ces nobles quadrupèdes sont relativement variés : orge, maïs, avoine, foin, cassonnade, pommes de terre séchées.

— Au bureau de change allemand, le billet de 100 francs de la Banque de France est en faveur : on offre, pour le posséder, 100 maks-papier, ou 135 francs en bons d'émission.

Samedi 7 Septembre. — A 19 heures, un orage sévit à l'ouest d'Avesnes et les éclairs zigzaguent à travers un ciel couvert de sombres nuées.

C'est loin, c'est même très loin.

Des voisins se réunissent au coin de la rue et tiennent conciliabule. L'un d'eux émet cet idée avec conviction et d'un ton sans réplique : « Ce qu'on voit là, ce sont des signaux ». Un autre assistant objecte que ce sont des éclairs ; mais il n'est pas écouté.

Tout au début de l'occupation, des personnes ayant une vue très perçante et l'imagination encore plus vive, ont vu distinctement le drapeau français dans la lune !

— Par suite de la pénurie de tabac véritable et de la cherté, toujours plus grande, de ce combustible, beaucoup de personnes ont cultivé la plante dans leur jardin ; elles viennent de commencer la récolte et procèdent au séchage méthodique des feuilles précieuses.

Tout se fait au grand jour, et la Régie française n'y fourre pas le nez.

— Une très importante portion du Grand-Quartier-Général quitte Avesnes pour Spa ; la seconde fournée partira le 12 septembre.

Pendant toute la journée et une partie de la soirée, les automobiles et les camions circulent dans les rues, faisant

VII

la navette entre la gare et les maisons occupées par les officiers.

·Dans les limousines, sont les gradés et leurs valises ; dans les camions sont les soldats et les fauteuils, les chaises, les glaces, les pianos, les niches à chien.

C'est un véritable déménagement auquel il est procédé par ordre et avec ordre.

On dit à la Commandanture que ce départ se fait parce que le climat est trop froid à Avesnes.

8 Septembre. — 25 femmes et jeunes filles sont réquisitionnées pour nettoyer les maisons qui furent occupées par les officiers d'Etat-Major.

On constate encore quelques fuites et disparitions d'objets faciles à dissimuler.

— Une séance de cinéma a lieu à 14 heures au théâtre. Les enfants âgés de moins de 10 ans ne peuvent plus y assister, parce qu'ils faisaient trop grand bruit.

— Arrivée de blessés sérieux. Canon à l'ouest.

9 Septembre. — Ordre de la Commandanture à la mairie d'Avesnes, pour faire connaître à toutes les communes : « Il est arivé fréquemment que des soldats saisissaient chez les habitants, sans en avoir l'autorisation. Tout officier ou homme qui fait des réquisitions doit avoir un permis signé par le commandant ou l'adjoint de la Commandanture. Les personnes chargées par la Commandanture des réquisitions sont le sous-officier Brocken et le sergent Borner. La population supporterait elle-même les dégâts qui pourraient être faits par l'inexécution de cet ordre ».

— De petits changements sont apportés dans divers services.

Les bureau et tribunal de police, installés au 1er étage de la maison de M. Gauchet, rue Villien, vont au n° 6 de la rue de Berry.

Le restaurant des médecins, qui est au rez-de-chaussée de la dite maison de M. Gauchet, est transféré dans l'immeuble de M. Georges Maire, rue Cambrésienne.

— Canon à l'ouest.

10 Septembre. — Départ de blessés guéris.

— Ordre à la mairie : « Livrer avant demain à 8 h. 30

deux couronnes plus jolies que d'habitude à la Commandanture. Livrer de plus avant ce soir à 18 heures, à la
caserne, de la verdure en assez grande quantité pour pouvoir faire des guirlandes autour du wagon. »

11 Septembre. — On constate dans la ville un certain
mouvement d'automobiles et de camions-autos.

Depuis le départ du Grand-Quartier-Général, Avesnes
était calme. On n'entendait plus les belles limousines rou-.
lant et cornant d'abondance ; on ne voyait plus les estafettes agrippées à leur motocyclette et filant grand train.

Mais on perçoit une forte canonnade dans la direction
de Cambrai, et des évacués de cette région viennent loger
à Avesnes et dans plusieurs communes.

Nuit du 11 au 12 Septembre. Journée du 12. — Roulement continu à l'ouest.

— Départ de blessés remplacés aussitôt par d'autres.

— Dans la nuit du 12 au 13 septembre, alors que le
canon tonne sans arrêt, un phare rouge s'allume au nord-
ouest ; un autre phare s'allume à son tour tandis que le
premier s'éteint, et ainsi de suite jusqu'à la gauche, c'est-
à-dire jusqu'au sud-ouest. Le dernier phare montre un feu
blanc, l'avant-dernier s'allume également en blanc, et le
jeu de lumière se continue.

14 Septembre. — Il a été ordonné à tous les hommes de
16 à 50 ans de se présenter à une revue d'appel.

L'autorité allemande désigne ceux qui feront partie
d'une colonne d'ouvriers et la répartition est ainsi faite :

Avesnes, 105 ; Avesnelles, 99 ; Bas-Lieu, 23 ; Cartignies,
74 ; Dompierre, 30 ; Grand-Fayt, 35 ; Haut-Lieu, 18 ;
Petit-Fayt, 22 ; Saint-Hilaire, 52 ; Semousies, 18. Le chiffre pour Marbaix n'est pas connu.

L'Inspection des Etapes avait donné les ordres suivants
relativement à la présentation des ouvriers :

« Avesnes présente 600 ouvriers civils dans l'âge de 16
à 45 ans environ. Les listes de ses ouvriers doivent être
dressées pour le 16 septembre au soir.

« Avesnes fournira ces 600 hommes, 3 sections d'environ
200 hommes chacune. Chaque section, qui devra être four-

nie par des communes différentes, devra porter le nom d'une des communes en jeu.

« On devra mettre un sous-officier ou un premier soldat, de même un civil directeur qui sera, soit de la C. R. B. ou employé de la C. R. B.

« Avesnes et Landrecies formeront ensemble une section principale de 1.000 hommes, qui aura un état-major constitué d'un officier, d'un scribe, qu'Avesnes présentera. De plus, un sous-officier et un homme de confiance de la C.R.B. que Landrecies présentera.

« Pour le 17, M. le capitaine Allin, de l'Inspection, donnera les indications nécessaires.

« D'autres ordres pour le départ seront donnés ultérieurement.

« Les communes desquelles proviennent les ouvriers devront fournir à la colonne des légumes, pommes de terre, etc.

« Les voitures apportant ces choses reprendront des ouvriers.

« Il faut faire son possible pour que chaque homme puisse revenir une fois par mois dans son pays pour quelques jours afin de se pourvoir de linge, etc.

« Les malades seront soignés dans leur pays. »

Un second appel eut lieu le 15 septembre ; beaucoup d'inscrits ne s'étaient pas présentés la veille et, d'autre part, le choix avait porté sur quelques malades, tuberculeux, boîteux, etc., qui protestèrent.

Les personnes bien renseignées indiquaient, comme lieu de destination, Cambrai, ou Saint-Quentin, ou encore, Liège, Le Nouvion, Solesmes, Le Cateau.

Mais ce ne fut que le 27 septembre que des renseignements plus précis furent donnés par l'interprète français servant d'intermédiaire et d'agent de liaison entre la mairie et la Commandanture.

8.000 hommes ont été désignés dans les Commandantures d'étapes de la 18ᵉ armée pour un prochain départ en colonnes d'ouvriers. Ils ont été choisis dans les pays d'Avesnes, Aulnoye, Cousolre, Hautmont, Landrecies, Maubeuge, Sains-du-Nord, Solre-le-Château.

Vers quelles régions ces 8.000 hommes seront-ils envoyés? A quels travaux vont-ils être employés ?

La Commandanture d'Avesnes le sait, paraît-il ; mais elle ne le dit pas.

Elle ne veut révéler que ceci à l'interprète : les hommes ne seront pas traités comme des prisonniers civils, mais comme des ouvriers presque libres. Ils ne seront pas surveillés par les représentants de l'autorité militaire allemande ; ils pourront recevoir des colis ; ils pourront également revenir chez eux une fois par mois.

Les salaires qui leur seront alloués sont tellement élevés qu'ils donnent matière à réflexion. Ils varieront entre 1 fr. et 1 fr. 50 par heure de travail, et les journées seront de 8 heures. Les tout jeunes gens toucheront un peu moins que les adultes. Les ouvriers de métier auront 1 fr. 20 et les chefs de groupe 1 fr. 50.

Ces conditions exceptionnelles ne seront connues des intéressés qu'après leur arrivée à destination.

— Ravitaillement des chevaux allemands pour une journée : orge écrasée, foin et pommes de terre séchées ; des civils avesnois pour une semaine : 200 grammes de céréaline, 400 gr. de viande salée, 200 gr. de café, 200 gr. de sel et 150 gr. de soude.

Nuit du 15 au 16 Septembre. — Canonnade et fortes détonations.

16 Septembre. — Fortes détonations à 11 h. 30. Canon à l'ouest.

La canonnade, sans interruption et d'intensité très forte, dure jusqu'au 20 septembre.

17 Septembre. — Cartignies fait retour à la Commandanture du Nouvion.

Grand-Fayt et Petit-Fayt vont à la Commandanture nouvellement créée à Prisches.

Noyelles retourne à Aulnoye et Maroilles à Landrecies.

Sont rattachées à Avesnes les communes de Saint-Aubin, Dourlers, Floursies, Beaufort, Ecuélin, Eclaibes, Limont-Fontaine, Monceau-Saint-Waast, Taisnières-sur-Helpe.

18 et 19 Septembre. — Mouvements de troupes.

20 Septembre. — De nombreuses voitures se dirigent vers le nord.

— Après les revues et remaniements apportées aux listes d'appel, les chiffres du bataillon d'ouvriers sont arrêtées : Avesnes, 192 hommes ; Avesnelles, 93 ; Bas-Lieu, 24 ; Cartignies, 74 ; Dompierre, 37 ; Grand-Fayt, 38 ; Haut-Lieu, 16 ; Marbaix, 29 ; Petit-Fayt, 24 ; Saint-Hilaire, 54 ; Semousies, 16. Au total, 602.

— Arivée de prisonniers militaires français venant de Fresnoy-le-Grand.

— Arivée d'officiers d'état-major appartenant aux 2ᵉ, 9ᵉ et 18ᵉ armées, groupe von Boehn. Leurs camions contiennent des malles, des valises, des sacs, du mobilier.

— On entend vers 20 heures de fortes détonations provenant de bombes lancées sur la voie ferrée près Aulnoye.

21 Septembre. — Arrivée de blessés allemands qui sont transportés en autos.

— Départ, pour Etrœungt, du service de réparation des lignes téléphoniques qui était installé à Avesnelles.

22 Septembre. — Départ de personnes ayant demandé à être rapatriées en France libre.

Nuit du 22 au 23. — Détonations de bombes.

23 Septembre. — Arrivée de prisonniers militaires français.

Détonations de bombes dans la soirée.

On affiche, à nouveau, contre le mur de l'Hôtel de Ville les communiqués du Grand-Quartier-Général.

Du 23 au 27 Septembre. — Transport de blessés allemands.

25 et 26 Septembre. — Canon à l'ouest.

Depuis l'arrivée du nouvel Etat-Major, quelques modifications ont été apportées à l'installation de divers services logés Grand'Place.

Un coiffeur-friseur est chez M. Zante ; un autre est chez M. Stou. Les estafettes qui étaient à la maison Riez vont chez M. Boutellier, près du bureau des passeports. Un magasin central est dans les « Magasins Réunis ».

26 Septembre. — De nombreux cavaliers, venant de la région sud, traversent la ville.

Nuit du 26 au 27. — Canon.

27 Septembre. — Canon.

— Des camions automobiles, venant du Cateau et se dirigeant sur Beaumont, passent à Avesnes. Ils sont chargés de meubles et de grandes caisses fermées.

— Les officiers d'éta-major du corps von Boehn mènent la vie douce et trouvent amusant de faire la guerre en bottes dans les salons convertis en bureaux.

Souvent, le soir, au restaurant de la maison de Mme Dubois-Ravaux, il y a grand éclairage à l'électricité ; on fait la partie de billard, on joue du piano, on chante, on fume, on boit.

Ces jeux et ces ris font constrate avec l'attitude, toute de réserve, observée par les précédents occupeurs.

Car c'était le calme complet, lorsque le restaurant était fréquenté par le maréchal Hindenburg, le gros père tranquille, à la tête carrée, aux traits nettement accentués, à la dure moustache, ou par le général Ludendorff, le grand maigre à la figure anguleuse et à la démarche saccadée.

Les officiers du Grand-Quartier-Général ne faisaient pas grand bruit dans la ville et paraissaient même avoir, quelque peu, charge d'âmes.

Ils se rendaient directement à leurs occupations, passaient rapidement au restaurant, revenaient à leur bureau et, après le dîner, rentraient chez eux, s'il n'y avait pas conférences avec projections lumineuses.

Ils ne fréquentaient pas les officiers embusqués de la Commandanture, qui, eux, ne se privaient pas de faire la bombe dans leur café spécial ayant pour enseigne « Vaterland ».

, Les soldats ordonnances étaient aussi muets que les chefs. Mais, en gens pratiques et positifs, ils emballèrent et emportèrent, au moment de leur départ, quantité d'objets qui étaient, ou utiles à l'usage, ou agréables à la vue.

Il faut, dans le cours des années, savoir profiter du moment et de l'occasion.

28 Septembre. — Départ de soldats et passage de troupes en gare. Arrivée de blessés allemands. Arrivée de prisonniers militaires français.

— La Commandanture demande aux maires le nombre

exact de jeunes volailles, poulettes, canetons, jeunes oies et jeunes dindons existant dans leur commune.

— Un Allemand et une Allemande occupent une maison de la rue des Prés et ont amené des poules, des oies, des canards, des pintades, destinés aux officiers d'état-major.

— Quatre Avesnoises sont condamnées chacune à 150 marks d'amende pour avoir vendu des draps de lit trop cher à des Allemands.

Nuit du 28 au 29. — Bombes dans la direction d'Aulnoye.

29 Septembre. — Vers 3 heures, une bombe d'avion explose dans une pâture entre Dourlers et Saint-Aubin.

— La mairie d'Avesnes est invitée à faire de suite vérifier toutes les bouches d'eau de la ville et, de plus, à faire placer sur les murs où se trouvent les « hydrantes », un carré avec un rond rouge, dans ce rond un grand H en noir, et en dessous la distance à laquelle se trouve la bouche d'eau.

30 Septembre. — Arrivée de prisonniers militaires et de blessés allemands.

— La mairie d'Avesnes est invitée à loger 15 pompiers de Saint-Quentin actuellement en résidence, avec leur famille, à Valenciennes. Au total, 51 personnes à héberger ; elles arrivent le 4 octobre.

1ᵉʳ Octobre. — Le grand magasin allemand de la rue Victor-Hugo est ouvert aux militaires ; ceux-ci s'y présentent en foule et stationnent longtemps devant la porte avant de pouvoir pénétrer à l'intérieur ; on raconte qu'il y est débité de l'alcool à emporter dans des bouteilles.

— Depuis le départ du Grand-Quartier-Général, un poste de télégraphie sans fil est installé près de la route de Landrecies, dans une maison située sur le chemin d'Avesnes à Haut-Lieu.

Des bureaux télégraphiques et téléphoniques sont dans l'immeuble de M. Henri Gauchet, rue Villien.

On y affiche chaque jour, ainsi qu'à l'Hôtel de Ville, les déprimants communiqués officiels allemands, lesquels, il est vrai, ne sont pris qu'à leur juste valeur.

D'après une carte de l'état-major, Dourlers devient un

bureau central, le Général-Kommando 51 avec poste d'alerte, où viennent converger 23 lignes.

Dourlers est en relation directe avec Avesnes, siège de l'A. O. K. 18, et Maubeuge, siège de l'A. O. K. 2, ainsi qu'avec Cartignies, Grand-Fayt, Prisches, Taisnières-sur-Helpe, Leval, Noyelles, Aulnoye, Pont-sur-Sambre, etc.

Maroilles est un autre bureau central relié à Prisches, Favril, Landrecies, Fontaine-au-Bois, etc.

— Une cinquantaine de prisonniers militaires français et anglais, arrivent au camp de Flaumont-Waudrechies ; le 4 octobre, ils seront envoyés vers une autre direction.

— Arrivée de blessés allemands.

— Ce 1ᵉʳ octobre est la journée des avions.

Dès 7 h. 20, une vingtaine d'aéros passent à l'ouest. En plus du vrombissement sourd des moteurs allemands, on perçoit le bruit d'une détonation assez forte, mais éloignée.

A 11 heures exactement, onze aéros survolent Avesnes ; cinq autres les suivent de près. Ce sont encore des Allemands qui se dirigent vers le sud.

A 15 h. 5, il y a une trentaine d'avions à l'ouest de la ville.

Ils doivent être ennemis, car ils se tirent dessus et se mitraillent. Les canons anti-aériens, placés à la Thiellerie-Saint-Hilaire et sur la route de Haut-Lieu, croient devoir, à leur tour, lancer leurs obus aux moineaux.

De petits nuages blancs se forment, se profilent sur le ciel azuré et se dissipent presque aussitôt.

Des habitants d'Avesnes, surpris et un tantinet apeurés, rentrent bien vite chez eux ou chez les voisins.

Le combat a duré sept minutes.

Quand le calme est rétabli, les habitants sortent dans les rues et bavardent ; les enfants reprennent leurs jeux bruyants.

A 16 h. 20, une très forte détonation se produit à l'ouest. Quelques vitres sont brisées dans la rue des Prés et dans la rue de Mons ; des fenêtres s'ouvent même par suite du déplacement de l'air.

On aperçoit une épaisse colonne de fumée vers Aulnoye. Et on suppose qu'un train de munitions vient de sauter.

Car on perçoit de nouvelles explosions à 16 h. 30, à 16 h. 40, à 16 h. 49, à 16 h. 50, à 16 h. 54.

Un avion a craché la destruction sur des wagons contenant la mort.

A 17 h. 10, un aéro allemand, venant du sud, passe au-dessus d'Avesnes et paraît regagner son garage.

Vers 19 h. 30 et dans la nuit, des détonations répétées se font à nouveau entendre.

Pendant ce combat, cinq Allemands recueillaient des bouteilles vides dans les caves d'Avesnelles et, bien entendu, ne délivraient pas de bons de réquisition, afin de simplifier le travail.

2 Octobre. — Départ de soldats guéris et remplacés par de nombreux blessés et malades.

C'est encore la journée des aéros.

De 7 h. 50 à 8 h. 03, on voit une vingtaine d'avions à l'ouest. Les canons de Saint-Hilaire et de Haut-Lieu tirent sur eux.

Après cette excursion, pas trop mouvementée, les avions, se partageant en deux escadrilles, s'en vont vers le sud.

Pendant toute la matinée et une partie de l'après-midi, deux aéros allemands survolent Avesnes et les environs.

A 11 h. 42, les canons antiaériens lancent à nouveau des obus sur une quinzaine d'avions qui sont à l'ouest.

— Landrecies et Maubeuge sont rattachés à la 2ᵉ armée; Avesnes reste à la 18ᵉ.

— Ordre aux communes de Bas-Lieu, Haut-Lieu, Saint-Hilaire, Semousies : « Les ouvriers désignés pour la colonne doivent se trouver vendredi 4 courant, à 9 heures, sur la place d'Avesnelles, sous la conduite de différents gardes civils.

« L'endroit du travail se trouvera sans doute dans le voisinage d'Avesnelles.

« Les ouvriers seront logés d'abord à Avesnelles et doivent prendre leurs paquets et du ravitaillement pour trois jours.

« Ceux qui ne se présenteraient pas seront d'abord condamnés à 14 jours de cellule et ensuite envoyés dans une colonne à l'intérieur.

« Avesnes et Avesnelles, même heure, sans bagages ni vivres. »

3 Octobre. — Des habitants venant de Caudry et de Saint-Aubert sont à Avesnes ; on dit que Solesmes et Viesly sont évacués.

— Nombreux aéros dans la journée.

— Canonnade dans la soirée. Bombes dans la nuit du 3 au 4.

— Un Avesnellois croit que nous serons bientôt débarrassés des « moulons gris ».

C'est ainsi que cet occupé appelle les occupants. (1)

4 Octobre. — Sept prisonniers militaires qui avaient essayé de s'évader du camp de Flaumont, en sabots et avec la bande jaune au pantalon, sont mis en cellule où on leur fait la vie dure.

Aussi bien, nos compatriotes sont dans une situation peu enviable : ils ne reçoivent pas de colis et n'ont, en plus de la portion avare et parcimonieuse fournie par les Allemands, que les rares denrées de la C. R. B. et les légumes donnés par les habitants d'Avesnelles et d'Avesnes.

— On raconte que les Français sont à Cambrai et que les Allemands ont mis le feu à la ville avant de partir.

On raconte encore que des bombes d'avions ont détruit la rotonde qui sert de remise aux locomotives de la gare d'Aulnoye.

— Cet avis est publié en ville :

« Les hommes qui sont désignés pour partir en colonne devront se trouver sur la place d'Avesnelles demain matin

---

(1) Si l'on s'en réfère au « Vocabulaire Maubeugeois » du regretté Edmond Beuge, *alias* Emile Neuillès, décédé misérablement en captivité, on apprend que le « moulon » est un ver de terre.

Mais J. Sigart est plus explicite et indique dans son Dictionnaire Wallon :

« *Moulon*, s. m. ver, larve d'insecte, teigne. Le mot *moulon*, employé seul, s'applique particulièrement à la larve de la mouche à viande, la grosse mouche bleue. On distingue « le blanc moulon », larve du hanneton ; « le moulon à queue », larve de la mouche scatophage, celle des lieux d'aisance... »

En 1886, on ne connaissait pas encore « le moulon gris ».

Littré, qui était membre de l'Institut, Académie des Inscriptions et Belles-Lettres — partant, plus savant qu'Edmond Beuge et Sigart — inscrit dans son Dictionnaire :

« *Moulon*. — Tas en forme de meule de foin. Dérivé de *meule*. »

Mais Littré ne connaissait pas le patois d'Avesnes.

Et alors......

pour répondre à l'appel : à 8 heures pour le 1ᵉʳ groupe ; à 9 heures, pour le 2ᵉ groupe. »

On suppose que ces ouvriers vont être employé à la construction d'une ligne de chemin de fer à voie étroite qui relierait le dépôt de munitions du camp de César à la région de Maroilles.

— Un recensement de la population donne ces chiffres : Avesnes, 3.176 habitants — 352 émigrés ; Avesnelles, 1.623 — 402 ; Bas-Lieu, 285 — 42 ; Beaufort, 840 — 247 ; Dompierre, 672 — 272 ; Ecuélin, 121 — 40 ; Eclaibes, 161 — 30 ; Floursies, 139 — 60 ; Haut-Lieu, 339 — 40 ; Marbaix, 378 — 51 ; Limont-Fontaine, 391 — 127 ; Monceau-Saint-Waast, 367 — 124 ; Saint-Aubin, 348 — 116 ; Saint-Hilaire, 711 — 147 ; Saint-Remy-Chaussée, 319 — 10 ; Semousies, 136 — 39.

Dourlers et Taisnières-sur-Helpe faisaient également partie de la Commandanture d'Avesnes, mais nous n'avons pas eu connaissance du relevé de la population.

4 Octobre. — Dans la soirée, exactement à 23 heures, plusieurs bombes explosent dans la direction de l'ouest. L'une d'elle avait pour objectif le château d'Hugement, à Dompierre, qui n'est pas atteint.

— Est-ce le prélude du déménagement ?

Tout le bétail des communes est à faire peser dans des endroits indiqués et à des dates fixées.

Toutes les communes doivent fournir un relevé : 1° des voitures pour personnes ; 2° des voitures de travail ; 3° des chevaux, poulains et poneys ; 4° des ânes, non réquisitionnés et existant encore.

Cet ordre est envoyé aux maires :

« On doit déterminer de suite combien d'habitants du district de la Commandanture, séparés en hommes, femmes et enfants en dessous de 15 ans, habitent à l'ouest de la route d'Aulnoye-Avesnes-La Capelle, excepté les ouvriers destinés pour la construction de tranchées et de voies ferrées.

« De plus, on doit annoncer combien d'hommes compris dans le chiffre travaillent dans les établissements militaires. »

Les maires répondent :

	Hommes	Femmes	Enfants	Ouvriers
Avesnes	100	'179	127	47
Avesnelles	35	131	22	14
Haut-Lieu	111	171	73	7
Saint-Hilaire	144	243	139	25
Dompierre	275	458	174	95
Marbaix	151	187	85	35
Taisnières	137	270	115	63
Monceau	119	195	64	27
Totaux	1122	1842	799	313

Pour Avesnes, le recensement comprend la rue d'Aulnoye, l'avenue du Pont-Rouge, côté gauche ; pour Avesnelles, la route de Landrecies et la route d'Etrœungt, côté gauche également.

Les commentaires vont bon train ; les deux plus impressionnants sont ceux-ci : on va évacuer Avesnes, on va abattre les maisons qui sont du côté gauche de la route jusque Saint-Hilaire.

5 Octobre. — Les racontars du jour : les Allemands ont repris Cambrai — les Anglais ont repris Lens et Armentières — Lille a été abandonné par les Allemands.

— Canon à l'ouest.

— Ordre aux communes : « Pour le 10 courant, on doit dresser des listes nominatives de tous les hommes et femmes travaillant dans les établissements militaires allemands à l'intérieur et à l'extérieur du district de la Commandanture. Donner exactement l'adresse de l'établissement. On doit y porter aussi ceux qui ont été désignés pour la dernière colonne. »

— Le capitaine-commandant Scheuch voudrait se procurer une pelisse en renard bleu et un logement plus sûr que celui qu'il occupe à Avesnelles.

On ne peut qu'admirer le commandant de l'Etape 55. Il tient à mettre sa précieuse personne à l'abri des bombes et il aime le luxe qui est un des principaux agents du progrès humain.

— Les policiers se montrent de plus en plus sévères et

rigoureux envers les personnes qui conservent dans leur chambre de la lumière pouvant être vue de l'extérieur.

On inflige une amende au Français délinquant et on enlève son appareil éclairant à l'Allemand fautif.

— La Commission municipale avesnoise adopte cette proposition :

« En vue de l'évacuation qui peut se produire à brève échéance si la marche en avant de nos troupes se continue, il est décidé de faire imprimer une feuille de délivrance de secours qui sera remise aux habitants au moment de leur départ... »

6 Octobre. — Depuis quelques jours, il est distribué aux soldats une feuille de nouvelles qui est imprimée à Avesnes par les soins de l'état-major de la 18e armée et qui est intitulée « Nachrichtenblatt der 18 Armee ».

Le n° 10 du 6 octobre contient un manifeste impérial à l'armée et à la marine :

« Depuis des mois, avec des efforts des plus violents, l'ennemi attaque presque sans interruption, nos lignes. Dans ces semaines de combat, sans repos, nous devons persévérer et offrir le front à l'ennemi supérieur en nombre.

« Là se tient la grandeur de la tâche qui vous est posée et que vous remplissez.

« Les troupes de toute l'Allemagne font leur devoir et défendent leur patrie sur le terrain étranger.

« Fort est l'état de ma flotte pour apporter sa valeur vis-à-vis des forces ennemies réunies et pour protéger par leur travail l'armée dans leurs lourds combats.

« En mon nom et celui de la Patrie, je vous dis merci.

« Au centre, dans de lourds combats, vient la rupture du front macédonien. Votre front est impénétrable et le restera toujours.

« D'accord avec nos alliés, je me suis décidé encore une fois à offrir la paix aux ennemis.

« Cependant, nous ne tendrons la main qu'à une paix honorable pour la cause de nos héros qui ont laissé leur vie pour la Patrie et pour la cause de nos enfants.

« Si nous poserons les armes, cela n'est pas encore certain. Jusque là, nous ne devons nous abandonner, nous devons mettre toutes nos forces pour maintenir infatigablement les assauts ennemis.

« L'heure est importante.

« Mais nous nous sentons dans la confiance de nos forces
et assez forts, avec l'aide de Dieu, pour défendre notre Patrie bien-aimée. — Grand-Quartier-Général, le 5-10-1918.
WILHEM, I. A. »

Le kronprinz y va également de son petit manifeste.

Mais certains militaires, en lisant le journal de l'armée
18, ne paraissent pas très convaincus ; même, ils semblent
sceptiques, ou encore gouailleurs.

— Un de ces soldats, venant du front, entre dans un
café de la ville et demande qu'on veuille bien lui servir à
manger.

Il récolte un refus, et pour cause.

Il demande alors du cacao, du lait.

Pas de cacao, pas de lait.

— On entend le canon à l'ouest. Et, à 23 h. 20, de nombreuses bombes éclatent dans la même direction.

7 Octobre. — Ordre à faire connaître à toutes les communes : « Lors de la chute des bombes d'aéros ennemis,
MM. les maires des communes sont tenus, sous peine d'a-
mende de 1.000 marks, d'en informer la gendarmerie com-
pétente et d'indiquer le nombre de bombes, l'endroit de la
chute, les pertes des hommes, ainsi que les dégâts matériels. — SCHEUCH, capitaine et commandant. »

— Certaines personnes, craignant une dépréciation de la
valeur du mark-papier, se présentent au bureau de change
allemand. Là, on leur donne 108 francs en Bons d'émission pour 100 francs en marks-papier ; on leur offre, par
la même occasion, 150 francs en Bons d'émission pour
100 francs or.

— « Les 14 pompiers de Saint-Quentin sont à payer :
2 sous-officiers à 5 francs ; 4 caporaux à 4 fr. 50 ; 8 sapeurs
à 4 francs. — OPGUENORTH, lieutenant. »

Ces pompiers sont, paraît-il, commandés par le lieutenant allemand Schulmann.

— Les racontars du jour sont quelque peu contradic-
toires :

La Russie et la Roumanie recommencent la guerre contre
l'Allemagne.

La Turquie demande une suspension d'armes. L'Allemagne propose la paix. On parle de paix. On espère la paix. Et on escompte le changement survenu dans la composition du ministère allemand.

D'autres racontars trouvent des auditeurs bénévoles et crédules : on va faire évacuer Avesnes. On va faire un camp de concentration à Avesnes. On va être parqué dans des pâtures.

Il est des Avesnois qui préparent leur bagage de départ.

8 Octobre. — On dit que le roi de Bulgarie a abdiqué en faveur de son fils Boris.

— 15 prisonniers français, ayant essayé de s'évader, sont en cellule.

— On enterre aujourd'hui 47 militaires décédés.

— Des soldats, ayant le sac au dos ou une caisse à la main, se dirigent vers la gare. Ils sont joyeux et chantent à plein gosier.

— De 13 heures à 14 heures, de l'artillerie passe à Avesnes et prend le chemin de Cartignies.

— Des comédiens allemands viennent donner une représentation ; ils n'ont pas l'air très galetteux.

— Vers le matin, dans la nuit, on avait entendu le bruit de bombes explosant à l'ouest.

A 16 heures, quelques détonations éclatent à l'ouest. Des avions circulent et à 17 heures un combat aérien est engagé au loin, vers l'ouest.

— La nuit du 8 au 9 octobre est mouvementée.

Des émigrés, chassés de leur demeure, arrivent fatigués, exténués, ayant sur le dos ou dans un sac à main les quelques objets qu'ils ont pu rassembler et emporter au moment d'un départ précipité. Ils vont vers un inconnu point de direction.

Des soldats, traînant lourdement la botte, rentrent à leur domicile en chantant et en zigzaguant.

Des infirmiers se rendent dans les hôpitaux pour la relève.

De 1 h. 50 à 1 h. 53, des bombes tombent à l'ouest, puis

à l'est de la ville. Les canons spéciaux lancent dans les airs leurs projectiles, qui retombent un peu partout en nombreux éclats.

9 Octobre. — « La mairie d'Avesnes, conformément aux ordres reçus, avise la Commandanture que cette nuit, à 1 h. 55 du matin, une escadrille d'avions a jeté sept bombes sur la route de Berlaimont et une 8ᵉ dans une pâture située entre le chemin des Crapauds et la rue de Landrecies.

« Les dégâts sont purement matériels et se bornent à des bris de carreaux, portes et fenêtres arrachées.

« Dans la maison nº 4, une bombe est tombée dans la cour, démolissant un appentis. Dans la pâture vis-à-vis de cette maison, quatre bœufs en pacage ont été tués et un autre blessé. — Pour le maire : l'adjoint, A. LANDOUZY. »

NOTE. — Nous sommes obligés de laisser inachevé ce récit humoristique et instructif. Le dernier chapitre du journal manque et on n'a pu le retrouver dans les papiers de notre regretté collègue. C'est d'autant plus fâcheux que les quelques passages qu'il nous en avait lus nous avaient plu et auraient sûrement intéressé vivement les lecteurs.

Nous déplorons aussi cette perte pour l'Histoire de notre ville.

✠ ✠ ✠ ✠ ✠

VIII

Les derniers jours de l'occupation

d'Avesnes

d'après les notes de M. Jean DURŒULX

Le départ de la Commandanture d'étape, au milieu d'octobre 1918, fut pour Avesnes-sur-Helpe le présage d'une délivrance prochaine. Une Commandanture locale, nouvellement installée signifiait pour nous le passage dans la zone de combat.

Contents de sentir les notres approcher, nous avions le cœur gros de voir nous échapper ceux qui étaient venus semer la ruine dans notre cité, nous infliger les pires souffrances et nous contraindre aux plus lâches soumissions. Certes nous aurions voulu les voir prisonniers sur place et apaiser sur eux notre soif de vengeance. Le sort en décida tout autrement.

Depuis quelques jours, la voix du canon n'était plus la même. C'étaient de sourdes rafales auxquelles succédait le calme complet. On avait réellement l'impression que la guerre se faisait désormais en rase campagne. Sur les routes donnant accès à la trouée de Chimay, c'était un flot perpétuel d'épaves échappées des champs de bataille. Soldats de toutes armes s'avancent au milieu d'un désordre sans nom de voitures de toutes sortes. Nombreux étaient ceux qui se trouvaient sans armes, ayant transformé leurs voiturettes à mitrailleuses en chariots leur permettant de traîner leur butin. N'avons-nous pas vu passer des Allemands emmenant des vaches, des poulaillers entiers, du mobilier de toute nature. Le temps était épouvantable, les chemins n'étaient plus que des champs de boue épaisse. Cette débandade de ces vandales aurait dû nous réjouir. Mais songez qu'au milieu de ces cohortes se trouvaient de pauvres émigrés, les uns sur les caissons « boucliers vivants pris par les Boches contre les attaques des avions », d'autres, à bout de force traînaient sur des poussettes le reste de leurs biens.

Au Pont-Rouge une jeune mère est passée portant dans ses bras un bébé mort en cours de route, d'autres malheureux emmenaient, sur un chariot de fortune, un vieillard également mort.

Ils ne pouvaient s'arrêter dans l'impossibilité où nous étions de les loger, impossible également de reculer, les trottoirs, la chaussée, tout regorgeait et la pluie tombait toujours et les avions alliés descendaient à la hauteur des maisons pour mitrailler ces colonnes de gens et de matériel.

Des bruits d'évacuation de notre ville couraient de bouche en bouche, chacun faisait une dernière cachette, on vendait son linge, ses vêtements, on rassemblait en hâte les quelques souvenirs de famille à emporter.

Les communiqués n'étaient plus affichés à la Commandanture et c'était à grand peine que l'on pouvait se procurer le journal tant convoité où un traducteur, soucieux de maintenir le moral de tous, s'efforçait de dénicher dans un coin de communiqué cette phrase si significative : Nos troupes, ce sont les Boches qui parlent, après des combats sanglants mais victorieux contre les avant-gardes ennemies se sont repliées sur la nouvelle ligne... Nos nids de mitrailleuses maintiennent la marche en avant de l'ennemi. »

Alors, le cœur haletant, nous cherchions à nous rendre compte sur la carte de l'importance du mouvement de recul et déjà, sans songer aux efforts surhumains que les Alliés devaient faire pour arriver jusqu'à nous, sans songer aux malheureux qui devraient encore tomber, nous comptions les jours et fixions la date de notre délivrance. Nous espérions tous pour la Toussaint, mais ce jour-là en nous rendant sur la tombe des nôtres, nous nous apercevions que le calme était revenu et que l'on croyait que l'ennemi s'était terré de nouveau.

Déjà les découragés parlaient du printemps pour notre délivrance. Subitement la rafale d'obus reprit, de sourdes détonations, nous faisant supposer la démolition de ponts, se succédaient sans cesse. Le long du chemin de fer les Boches faisaient sauter les rails. C'était, au dire de soldats découragés et revenant du front, la bataille de la Sambre qui était engagée. En ville, l'ennemi, qui de longue date avait miné tous les ponts en redoublait la surveillance. A la campagne, des haies entières étaient coupées, des arbres abattus sur les routes. Toute circulation en dehors de la ville était interdite, plus un otage ne pouvait circuler entre les communes. Partout les quelques hommes valides restés pour des travaux urgents, étaient emmenés captifs, le pays reprenait pour une courte durée son aspect triste et calme marquant la demi-heure après l'arrivée des Boches en 1914.

Le 6 novembre au matin la bataille fait rage, les combats d'avions se multiplient au-dessus de la ville, un convoi de Boches est mitraillé en pleine place. Les troupes accentuent leur mouvement de recul, la cavalerie vient prendre ses dispositions, l'artillerie se masse, des batteries sont installées dans la cour de l'Ecole supérieure des jeunes filles, au Marché-aux-Bestiaux, près du champ de tir. Des mitrailleuses sont installées en haut du clocher, balayant les carrefours minés du Pont-Rouge et de la route d'Etrœungt.

Le 7 la canonnade est toujours aussi intense, on entend très bien le bruit des mitrailleuses aux abords du chemin de Belle-Fontaine et du côté du cimetière. Le soir arrive encore en nous laissant l'espoir que demain ce sera le grand jour. Combien est triste cette dernière nuit dans les caves. Les obus de gros calibres passent à intervalle régulier au-dessus de nos têtes et leur sourd ronflement nous force à un instinctif mouvement d'épaules. Des obus de moindre calibre tombent en rafales dans les environs, sur la ville même. Des soldats courent dans les rues, des commandements brefs alternent avec des coups de sifflet. Comme le temps semble long dans la demi-obscurité des caves enfumées par ces lampes rustiques faites avec de la graisse du ravitaillement et un vieux morceau de mêche. Que de prières sont murmurées en silence. « Est-ce pour nous cet obus ». Ne va-t-il pas venir nous ensevelir dans notre abri. Combien pensent aux leurs qui combattent peut-être en ce moment ; l'on voudrait être délivré et l'on voudrait que le combat s'arrête. Les vies de tous les nôtres sont également chères, mais ne semblera-t-il pas plus dur à cette brave mère d'avoir à pleurer un fils tombé au champ d'honneur dans les derniers instants de la guerre. Ce fils venait la sauver et il meurt avant de la revoir.

Le jour se lève enfin et semble nous avoir rendu courage. On risque un coup d'œil au dehors. Les Boches seraient-ils partis. Non ! Quelques tirailleurs sont couchés derrière les escaliers des maisons. Sur la place, longeant les murs des renforts viennent prendre position.

Soudain de formidables explosions, des pierres tombent de tous côtés ; plus tard nous saurons que ce sont les ponts de la rue de Mons, du Pont-Rouge et du chemin de fer qui viennent de sauter. Aux principaux carrefours des maisons s'écroulent comme des châteaux de cartes ; des entonnoirs se creusent par suite d'explosions de mines. Le crépitement des mitrailleuses se fait plus distinct, puis quelques coups de fusil, une rafale d'obus, puis le calme.

Des soldats courent à nouveau le long des maisons, on hasarde un coup d'œil... Ce sont encore des Boches tous couverts de terre, quelques uns pleins de sang sont blessés. Encore des coups de sifflet, puis plus rien dans la rue. Des avions survolent la ville, on n'ose encore bouger. Il est 1 heure de l'après-midi. Sera-t-on délivré aujourd'hui ! Tout à coup des cris joyeux : « Les Anglais ! Les Anglais ! Hip ! Hip ! Hip ! Hourrah ! »

Alors c'est du délire. Sans s'inquiéter si le Boche est encore là préparant un mauvais coup, l'on saute au cou du premier de ces héros, chacun croit embrasser un père, un fils, un frère, un mari.

D'autres Anglais débouchent de rues adjacentes. C'est à qui va leur indiquer la route, car ces braves sont pressés de talonner l'ennemi en fuite. Tout le monde pleure de joie, l'on va avertir le voisin, lui assurer que ce sont bien des Alliés, on se précipite à la Mairie, on fouille les bureaux espérant encore en capturer un, on renverse ce qui reste comme traces des Boches, on brise les fusils abandonnés, on piétine la guérite de la sentinelle boche qui nous narguait depuis si longtemps devant la mairie. Chacun passe sa colère comme il le peut et exprime toute sa joie de se sentir libre. Les uns versent à boire aux soldats et offrent des desserts préparés avec les « ersatz » du ravitaillement. Beaucoup d'Anglais ne veulent pas en manger craignant l'empoisonnement. Sans se soucier du danger tout le monde circule, les uns rient, mais beaucoup aussi pleurent en songeant aux leurs dont ils n'ont jamais eu de nouvelles.

D'autres espèrent encore revoir l'être cher qu'on leur a dit tué. Le reste de la journée passe comme un éclair. Les troupes anglaises défilent sans arrêt. On va pouvoir se reposer tranquillement. Mais non ! de fortes explosions nous parviennent sans discontinuer de la direction d'Avesnelles.

Serait-ce une contre-attaque des Boches !

Des habitants d'Avesnelles évacuent et viennent se réfugier à Avesnes.

D'après eux se serait un train de munitions qui saute dans les carrières de la Dolomie.

L'on passe la nuit sur le qui vive, chacun raconte ses émotions et l'on apprend que le front français est prêt d'Etrœungt. Sans doute demain nous verrons les nôtres. Est-ce la joie de se sentir délivrés, mais il semble que le canon s'éloigne ; la guerre paraît finie pour nous ; on a hâte de revoir les siens, la vie normale commence à reprendre déjà son cours.

RAPPORT DU COMITÉ D'AVESNES

de la Croix-Rouge

Pour les Années 1914-15-16-17-18-19-20

Pendant toute la durée de la guerre et malgré l'occupation allemande le Comité d'Avesnes a pu rendre de nombreux services tant aux blessés militaires qu'à la population civile.

1° L'Hôpital 107 installé dans l'Ecole supérieure de jeunes filles avait ouvert le 24 août 1914, trois grandes salles pour blessés.

Il disposait de tout le matériel nécessaire : salle d'opération, de stérilisation, de désinfection, vestiaire, lingerie, pharmacie, magasin de vivres tout était en conformité avec les règlements. — L'hôpital fut ouvert avec 50 lits, il en compta 150 dès le 26 août. — Les premiers blessés arrivèrent le 24 août, la plus grande partie fut évacuée le 25 la veille de l'entrée des Allemands, il en restait une dizaine le jour de l'invasion. Tous redoutaient la cruauté des vainqueurs, « ils vont nous achever, disaient-ils », mais le calme des infirmières les rassura ; ce même calme en imposa aux ennemis et la prise de possession se passa sans excès. — Les médecins allemands opérèrent les Français et les Anglais comme leurs propres soldats, de même que les infirmières françaises soignèrent les Allemands comme les Français.

Le service ainsi organisé ne fonctionna qu'un mois avec un total de 2429 journées, puis l'hôpital fut évacué et ne rouvrit ses portes que complètement germanisé.

A partir de ce moment et malgré des demandes réitérées et

de plus en plus pressantes à mesure que la mort faisait plus de ravages parmi les blessés français, il ne fut plus permis aux infirmières françaises d'approcher de leurs compatriotes blessés.

Elles eurent seulement le droit de les ensevelir et de les accompagner au cimetière sans même savoir leur nom. — Et pourtant ces mêmes infirmières, estimant que la Croix rouge était une œuvre internationale, avaient toutes surmonté leurs répugnances et avaient soigné de nombreux blessés allemands.

(Les Allemands ont complétement vidé l'hopital 107, instruments de chirurgie, linge, provisions, meubles, ils ont tout emporté).

2° Le comité ne resta cependant pas inactif, il eut à assurer le service de pharmacie de la Ville d'Avesnes et de ses environs. — Il lui fallut s'improviser acheteur et s'approvisionner régulièrement des produits nécessaires au prix des plus grandes difficultés et cela pendant deux ans ½ sous un régime de contrainte terrible où toute lettre, toute démarche étaient interdites.

3° Une épidémie de fièvre typhoïde ayant éclaté à Avesnes, les infirmières et les infirmiers de l'Union apportèrent leur concours aux religieuses de l'hôpital et pendant 6 mois soignèrent une soixantaine de typhiques.

4° La plus grande souffrance de l'occupation était pour beaucoup le manque de nouvelles. Grâce au dévouement, à l'intelligence et au courage d'une de ses infirmières le comité put organiser un service de correspondance avec la France libre et vice-versa. — Trois à quatre mille lettres furent ainsi échangées et de nombreuses familles purent envoyer de l'argent à leurs enfants soldats dont elles ignoraient le sort mais dont elle prévoyaient les souffrances et les besoins.

5° Le comité fit de nombreuses distributions de viande, de pommes de terre, de lait, de vêtements, de charbon représentant une somme de plus de 30.000 francs.. — Mais ce qu'il fit avec le plus d'ardeur et sans jamais se lasser, ce fut d'entretenir autour de lui la confiance et l'espoir. — Toujours le comité d'Avesnes crut en la victoire de la France, et cette certitude lui a donné la force et la persévérance.

6° Les Allemands ayant installé une clinique pour les civils qui avaient recours à leurs soins, ce furent des infirmières de l'Union qui assurèrent le service avec un désintéressement et un dévouement admirables.

7° Après l'armistice, le comité d'Avesnes accepta la tâche de fonder et de diriger un poste de secours. — Ce poste a fonctionné pendant un an.

737 voyageurs y reçurent gratuitement l'hospitalité.

1300 familles furent secourues par des dons en nature.

666 pansements furent exécutés.

Le Poste a distribué de nombreux dons américains dont on peut évaluer la valeur à 30.000 fr. et des vêtements pour une somme de 11.000 francs fournis par des souscriptions françaises.

L'Enlèvement des Cloches

DE L'ÉGLISE D'AVESNES

Description et Origine de ces Cloches.

Notre ville s'enorgueillissait à juste titre des cinq cloches formant les basses de son beau carillon dont l'histoire se rattachait à celle de la cité.

La plus grosse avait été fondue en 1514, avant le deuxième incendie de l'église. Elle avait été baptisée *Charlotte*, du nom du donateur, probablement celui qui fut plus tard Charles-Quint, donnait le « la naturel » et pesait 3.160 kgs.

Sur ce bourdon on lisait en caractères gothiques l'inscription suivante :

Charles eults ∴ l'an quinze cens quatorze ∷ pour toi peuple exciter ∴ venir à sainte église ∴ ilecq Dieu contempler ∴ et la vertu que on prise ;

Le vers latin :

Inspice, sum rutilo claresces fusca nitore

(Regarde, je suis noire, brillante d'éclatante splendeur)

est écrit en la forme d'un chronogramme rappelant cette date de 1514 :

InspICe sVM rVtILo CLaresCes FCA nItore

Une banderole portait la devise : Vive Bourgoigne.

Et plus bas :

Maistre Simon Wagheven heeft ons Ghemachct.

Elle était décorée de cinq écus aux armes de Bourgogne, de l'Empire, de Croy, d'Albert et d'Avesnes.

La seconde cloche, par ordre d'importance, *Aldegonde,* portait cette inscription :

Fundi me jussit Antonius loro do signum populos ad templum convoco dicor Aldegundis in urbe fui formata Duaco.

(Antoine a commandé de me fondre, ma voix donne le signal, je convoque les peuples au temple, je m'appelle Aldegonde, j'ai été fabriquée dans la ville de Douai.

VIRGO MARIA   Servite Deo in Lœtitia   JESUS CHRISTUS

Elle pesait 1.425 kgs, son diamètre était 1 m. 20, la hauteur de son dôme 1 m.

Une troisième cloche, *Hiltrude,* portait l'inscription :

Andreas, Joseph Van den Gheyn me fudit — Cum sociis Grégorio praesule-fundor. S. Hiltrudi Virgini 1768.

(André, Joseph, Van den Gheyn m'a fondue, j'ai été fondue avec mes compagnes, Grégoire étant abbé, à la Vierge Ste Hiltrude.)

Dans les médaillons on voyait les armoiries de Liessies, le monogramme du Christ I.H S et un abbé debout tenant un livre et une crosse, avec cette légende :

Gregorius Dupire XLV Abbas monasterii Lœtiensis.

(Grégoire 45e abbé du monastère de Liessies).

Sous les pieds de l'Abbé un coq et un lion, avec cette devise : *Vigilantia et Virtute* (par la vigilance et la vertu.)

Enfin Ste Hiltrude, en présence de son père et de sa mère, déclarant à Hugues de Bourgogne qu'elle n'aura d'autre époux que le Christ.

Cette cloche, qui donnait le mi naturel, provenait de l'Abbaye de Liessies ainsi que la petite cloche. Elles avaient les numéros 1 et 3 dans les 36 cloches attribuées à la municipalité d'Avesnes par le procès-verbal du 21 octobre 1791 et pesaient respectivement 1.250 et 350 kgs.

Sur la petite cloche on lisait :

Andreas Van den Gheyn me fudit Lœtiis anno 1768 S. Benedicto.

(André Van den Gheyn m'a fondue pour Liessies, en l'honneur de St Benoît.)

La municipalité de Liessies avait reçu en échange de ces deux cloches deux autres belles cloches retirées du clocher de notre ville.

La plus grosse portait en lettres gothiques l'inscription :

1509

Anno Domini, Mil Vc et IX

« Je fus faite pour Avesnes »

Et les armes d'Albret

Et la plus petite :

Les Mayeurs et Jurés de la Ville d'Avesnes
m'ont fait faire.

Philippe d'Anneux, chevalier, baron de Crèvecœur, seigneur du Grand Wargnies, Fontaine au Pire, etc., etc. et

Mademoiselle Charlotte de Bouzy, épouse Monseigneur Bellaboca, seigneur et grand bailly de la terre et pairie d'Avesnes m'ont mise à nom Isabelle.

Monsieur Nicolas Varnot, licencié en la sainte théologie, doyen chanoine et curé d'Avesnes, m'a bénite en l'an MVCXVI (1616).

Maître J. Verty et maîtres Nicolas Bronchart frères m'ont faite à Bar.

Une cinquième cloche *Joséphine* fut donnée à l'église par l'Empereur, en 1803.

Elle portait l'inscription suivante :

L'An 14 deuxième de l'Empire Français, le 27 Vendemiaire, ou 12 octobre 1803, j'ai été nommée *Joséphine*, Marguerite, Eugénie par M. Eugène Constant Gossuin, administrateur général des Forêts impériales, mon parrain, représenté par M. Théodore, Louis, *Joseph Pillot*, procureur impérial près le Tribunal d'Avesnes ; par Madame Marguerite Christine, Florence *Froville-Debize*, ma marraine, épouse de M. Théodore, Joseph, Marie *Prissette*, sous-préfet de cet arrondissement.

J'ai été bénite par *M. Bonnaire*, curé de cette paroisse de St Nicolas d'Avesnes, en présence de M. Frédéric, Joseph-Marie *Hencart*, maire de la Ville, de MM. Louis, Michel *Fonsoubry* et Pierre, Joseph *Liégard*, adjoints d'icelle et j'ai été harmonieusement fondue par Nicolas Antoine et son fils.

La refonte de ces cinq cloches fut faite en 1878 par M. Drouot de Douai. Elle coûta y comprise l'addition de nouveau métal, 8.525 francs. Cette dépense fut couverte en partie par une souscription des habitants d'Avesnes. Les inscriptions furent fidèlement reproduites et aucun nom ne fut changé.

Les cloches furent baptisées le 23 février 1879 par Monseigneur Monnier, évêque de Lydda. La grosse cloche *Charlotte* eut pour parrain Monsieur Collinet-Azambre et pour Marraine Madame Prosper Hannoye, née Wautier.

Le parrain de la cloche *Aldegonde* fut Monsieur Isidore Herbecq, alors maire de la ville, sa marraine Mademoiselle Julie Hannoye.

LES RAVISSEURS

M. Cayasse, Inspecteur de l'enseignement primaire à Avesnes, a consigné leurs tristes exploits dans des notes dont nous extrayons leur récit :

« Le 17 août 1917, la Kommandantur annonce à M. Loiselet le prochain enlèvement des cloches de l'église et parle de mettre également la main sur les tuyaux des orgues. Dans la journée Hentschel et le lieutenant Antrop visitent le clocher en présence de M. Loiselet. Le lendemain, la Mairie proteste contre l'enlèvement projeté et adresse à la Kommandantur une note où elle fait valoir l'intérêt histo· rique et artistique des cloches et du Carillon.

« L'église paroissiale d'Avesnes, y est-il dit, a été classée le 10 février 1913 comme monument historique, en vertu de la loi du 3 juillet 1905.

« Le Carillon de l'église d'Avesnes est un assemblage de 37 cloches de diverses grandeurs, avec lesquelles on exécute des morceaux de musique. C'est l'un des plus beaux de tout le Département du Nord et de la Région Belge avoisinante. Ses cloches ont été fondues en 1767 et 1768. Il provient de l'ancienne et célèbre abbaye de Liessies et a été acquis par la Ville d'Avesnes en 1791. »

Suivait la description des cloches avec leur origine et les inscriptions qu'elles portent. Les renseignements ainsi donnés ont été vérifiés et rectifiés après examen des cloches elles-mêmes lors de leur enlèvement.

Malgré les énergiques protestations de la Municipalité, la Kommandantur envoie le 10 octobre une équipe d'ouvriers à la tour de l'église pour descendre les cloches réquisitionnées par l'autorité allemande.

Celles-ci sont suspendues à 8 ou 10 mètres au-dessus d'un plancher peu résistant qui se trouve lui-même à environ 1 mètre au-dessous de la base des auvents.

Le sous-officier allemand qui dirige l'équipe décide que les cloches seront brisées sur place et les morceaux jetés par les auvents sur le parvis de l'église.

Une plate-forme en madriers est établie sous la cloche nommée *Joséphine* et les ouvriers attaquent celle-ci à grands coups de marteaux. Mais leurs efforts restent vains. Toute la journée, la cloche résonne tristement sous ces chocs répétés qui ne parviennent même pas à la fêler ; elle semble dire aux démolisseurs qu'elle veut rester là avec son cœur de Française et non servir à tuer ses compatriotes.

Furieux de son insuccès, le sergent allemand ordonne de scier la traverse à laquelle est suspendue la cloche et de laisser celle-ci tomber verticalement.

C'était la destruction certaine du plancher, celle de la voûte d'une brique d'épaisseur, c'était l'écrasement des belles orgues disposées sur la tribune au-dessous de la suspension des cloches. Après une longue et vive discussion le projet fut abandonné.

Enfin le samedi soir 13 octobre, la cloche, après bien des péripéties, est amenée sous l'auvent, dont une lame est brisée pour en agrandir l'ouverture.

Sur le parvis de l'église on a dressé une palissade en planches pour arrêter les éclats qui peuvent être projetés sur les maisons voisines et à l'intérieur de cette enceinte une couche épaisse de paille recouvre le sol.

Les curieux se pressent sur la Grand'Place ; des gendarmes allemands et des gardes civils assurent le service d'ordre en attendant que l'adjudant de la Kommandantur vienne donner lui-même le signal de la chute de la cloche. Il arrive enfin à 6 heures et quart et fait un geste aux ouvriers qui, à l'aide de leviers, précipitent la cloche dans le vide. La malheureuse, en quittant son clocher heurte sans doute le rebord du mur, car elle se met à sonner comme pour protester contre la violence dont elle est victime et elle tombe lourdement sur le sol en lançant un son mat mais sans se briser : les assistants qui s'empressent autour d'elle constatent qu'elle gît intacte sur son lit de copeaux.

Cette triste opération est répétée les jours suivants sur les trois autres cloches réquisitionnées. *Aldegonde* est descendue le 15 Octobre, *Hiltrude* et *Benoîte* le 17 Octobre. Les Allemands n'ont pas touché à *Charlotte* : est-ce parce qu'ils avaient vu gravées sur elle les armes du St-Empire ? ou plus simplement en raison des difficultés que leur faisaient craindre les dimensions et le poids de notre bourdon ? Ce second motif est plus vraisemblable. Jean Cayasse, fils de l'Inspecteur et Sérouart avaient eu soin de copier les inscriptions des cloches avant leur enlèvement.

Fin Janvier 1918, la Kommandantur réclame de nouvelles cloches, qu'elle veut, dit-elle, placer dans des endroits convenables pour prévenir les occupants de la visite des avions alliés.

Le 26 Janvier un ordre écrit du sous-officier qui a procédé à l'enlèvement des quatre cloches « invite deux ouvriers à se présenter à la Kommandantur avec les outils nécessaires pour démonter les plus grosses cloches du carillon restant dans le clocher, et cela le 28 Janvier à 8 heures du matin au bureau du sous-officier. »

La descente de ces cloches s'opère par l'auvent au moyen d'un cable en corde, mais l'une d'elles rompt le cable et tombe sur le sol de la hauteur de l'auvent ; elle est en miettes et il faut en descendre une autre pour la remplacer. C'est donc de six de ses plus belles cloches que sera privé notre pauvre carillon.

Les cinq intactes sont suspendues à des portiques aux points suivants :

1º Grande Place sur le trottoir de l'Eglise.

2º Près de l'Octroi de la Rotonde le long de la route Nationale.

3º Sur l'accotement de la route de Landrecies auprès des ruines de la maison Lépousez-Pantenier incendiée en août 1914.

4º Sur le trottoir en face la Gare.

5⁶   A Avesnelles, rue des Écoles, au carrefour de la boulangerie.

Elles y sont restées jusqu'à l'armistice.

LES NOUVELLES CLOCHES

Nous ne reverrons plus celles que l'Allemand nous a·prises. Le bourdon a été seul à chanter la délivrance de notre Ville et depuis plus de six ans nous n'avons que lui pour annoncer les offices, célébrer les fêtes, sonner les cérémonies funèbres. La municipalité avait espéré pouvoir rendre plus tôt la vie au clocher muet mais les difficultés se sont accumulées. Tout d'abord il fallait de l'argent pour les nouvelles cloches et l'on ne peut encore prévoir aujourd'hui quand la Ville recevra l'indemnité de dommages de guerre destinée à faire face à cette dépense. Heureusement M. Wauthy, de Douai, le fondeur renommé de tant de belles cloches, a consenti à recevoir 25.000 francs seulement à la livraison et à se contenter de l'intérêt des 22.905 francs de surplus jusqu'au jour ou la ville toucherait ses dommages de guerre et un conseiller municipal membre de la Société d'Archéologie a prêté ces 25.000 francs à la Ville.

La première difficulté était donc résolue, le fondeur se mit à l'œuvre et livra les quatre cloches qui furent bénites le 28 Octobre 1923 par Monseigneur Chollet, archevêque de Cambrai.

Les noms anciens furent conservés, sauf celui de *Benoîte* que ne désignait pas une aussi lointaine tradition. La cloche qui la remplaçait reçut le nom de *Jeanne d'Arc*, il a paru qu'il était bien qu'une des voix de la tour de notre église évoquât la sainte de la Patrie.

Aldegonde pèse 1460 kilogrammes et donne le « ré » naturel.

Hiltrude pèse 1050 kilogrammes et donne le « mi ».

Joséphine pèse 725 kilogrammes et donne le « fa dièze ».

Jeanne d'Arc pèse 450 kilogrammes et donne le « la ».

Le bourdon *Charlotte* pèse 3160 kilogrammes et donne le « la » de l'octave.

Les inscriptions des cloches disparues ont été reproduites sur leurs cadettes ainsi que les sujets de la cloche *Hiltrude* et l'on y a ajouté sur le côté libre ce qui suit :

ALDEGONDE. — J'ai nom *Aldegonde*, j'ai été bénite le 28 Octobre 1923 par Monseigneur *Jean-Arthur Chollet*, Archevêque de Cambrai, assisté de M. le chanoine *Lenotte*, Vicaire-Général, en présence de Maître *Edouard Gir*, Doyen de la paroisse Saint-Nicolas d'Avesnes et de M. *Maurice Pécard*, Maire de la Ville d'Avesnes.

Mon parrain a été M.*Henri Fosset*, Juge honoraire.

Ma marraine Madame *Maurice Pécard*.

J'ai été fondue par M. *Wauthy*, de Douai, je remplace la cloche *Aldegonde* enlevée par les Allemands le 15 octobre 1917. Mon poids est de 1460 kgs. Je donne le « ré » naturel.

HILTRUDE. — J'ai nom *Hiltrude*, j'ai été bénite le 28 Octobre 1923 par Monseigneur *Jean-Arthur Chollet*, Archevêque de Cambrai, assisté de M. le Chanoine *Lenotte*, Vicaire-Général, en présence de Maître *Edouard Gir*, Doyen de la paroisse Saint-Nicolas d'Avesnes et de M. *Maurice Pécard*, Maire de la Ville d'Avesnes.

Mon parrain a été M. *Jules Wittrant*, Avoué.

Ma marraine Madame *Georges Maire*.

J'ai été fondue par M. *Wauthy*, de Douai, je remplace la cloche *Hiltrude* enlevée par les Allemands le 17 octobre 1917. Mon poids est de 1050 kgs. Je donne le « mi naturel ».

JOSÉPHINE. — J'ai nom *Joséphine*, j'ai été bénite le 28 Octobre 1923, par Monseigneur *Jean-Arthur Chollet*, Archevêque de Cambrai, assisté de M. le Chanoine *Lenotte*, Vicaire-Général, en présence de Maître *Edouard Gir*, Doyen de la paroisse Saint-Nicolas d'Avesnes et de M. *Maurice Pécard*, Maire de la Ville d'Avesnes.

Mon parrain a été M. *Henri Lenain*, Président de la Confrérie de Saint-Vincent-de-Paul.

Ma marraine Madame *Auguste Deshayes*.

J'ai été fondue par M. *Wauthy*, de Douai, je remplace la cloche *Joséphine* enlevée par les Allemands le 13 octobre 1917. Mon poids est de 725 kgs. Je donne le « fa dièze ».

JEANNE D'ARC.— J'ai nom *Jeanne d'Arc*, j'ai été bénite le 28 Octobre 1923, par Monseigneur *Jean-Arthur Chollet*, Archevêque de Cambrai, assisté de M. le Chanoine *Lenotte*, Vicaire-Général, en présence de M. *Edouard Gir*, Doyen de la paroisse Saint-Nicolas d'Avesnes et de M. *Maurice Pécard*, Maire de laVille d'Avesnes.

Mon parrain a été M. *Charles Beaumont*, Banquier.

Ma marraine Madame *Edouard Chevreux*.

J'ai été fondue par M. *Wauthy*, de Douai, je remplace la quatrième cloche enlevée par les Allemands le 17 octobre 1917. Mon poids est de 450 kgs, je donne le « la » naturel.

La cérémonie de la bénédiction fut très belle, la foule s'y pressait et il ne restait dans l'église pas une place assise ou debout.

Au premier rang les Parrains et Marraines, puis le Maire d'Avesnes, le Conseil Paroissial et le Conseil Municipal, les Autorités, les Dames et les Hommes d'œuvres, les Sœurs de Sainte-Thérèse.

Les cloches, que leurs marraines avaient enveloppées d'aubes brodées, étaient suspendues sur deux rangs, à droite et à gauche de l'entrée du chœur.

Monseigneur l'Archevêque a revêtu l'ornement du centenaire de Notre-Dame des Mouches, il s'avance au son des orgues avec ses acolytes l'Abbé Peter et l'Abbé Declémy, suivi d'un très nombreux clergé qui lui fait cortège.

Au ban de communion le Doyen Gir le harangue et Monseigneur lui répond.

Après le chant des vêpres par la Maîtrise, le Vicaire-Général Lenotte monte en chaire. Il évoque les tristes souvenirs de l'enlèvement des cloches auxquels ont succédé les chants de fête et de délivrance. Puis il explique l'attachement du peuple pour ses cloches et il dit la chanson de la cloche, qui nous répéte comme à nos pères : Crois, espère, aime.

Monseigneur procède ensuite aux cérémonies de la Bénédiction rituelle pendant que les jeunes filles des familles des parrains et marraines distribuent des dragées à l'assistance.

Dès qu'elle est accomplie, Monseigneur l'Archevêque, les Parrains et Marraines, le Doyen, le Maire, le Président du Conseil Paroissial font tour à tour tinter chacune des cloches.

De beaux morceaux de violon et de chant se font entendre pendant le salut. Après la bénédiction qui le termine, le cortège se reforme et reconduit l'archevêque au presbytère où il reçoit les délégations de la paroisse devant lesquelles, M. G. M..., lit le sonnet qu'il a composé pour cette cérémonie.

LE RETOUR DES CLOCHES

Servite Domino in lœtitia.

Le Clocher vous attend, il est ressuscité,
Pénétrez-vous des mots par lesquels Sainte-Hiltrude
Transformait en palais son humble solitude,
Sonnez joyeusement, Cloches de la Cité.

Votre ennemi félon, par l'enfer excité,
A fui loin de ces murs, bannissez l'inquiétude,
Chantez la paix, l'amour, avec la certitude
Des jours de bon travail et de félicité.

Annoncez aux croyants l'heure de la prière,
Faites lever les fronts courbés dans la poussière,
Dites l'hymme au Très-Haut, au divin Créateur

Prenez les cœurs meurtris, portez-les d'un coup d'aile
Dans l'immense azur, aux pieds du Protecteur,
Bercez de votre chant l'âme pure et fidèle.

Les cloches durent ensuite attendre pendant 18 mois sur les dalles de la nef et d'une chapelle collatérale que le clocher fût prêt à les recevoir.

La direction des Beaux-Arts à qui incombait la mise en état de ce dernier, a fait les plus louables efforts pour la hâter, mais il a fallu attendre les crédits nécessaires à l'énorme dépense de réfection de la toiture et de la charpente et d'installation d'un beffroi indépendant des murailles, pour la suspension des cloches.

C'est seulement en mai 1925 qu'elles purent faire entendre aux Avesnois leurs voix aimées. Elles sont aujourd'hui mises en branle au moyen d'un pédalier qui remplace avantageusement les sonneurs d'autrefois.

La Municipalité s'est occupée également de notre pauvre carillon qui a beaucoup souffert de ces péripéties. Elle a pu ramener au bercail les cinq cloches descendues par des Allemands et qui après l'armistice s'étaient envolées vers diverses autres communes, elle a fait fondre une remplaçante à celle qu'ils ont brisée et exécuter les réparations nécessaires aux autres.

La mise en place du carillon, la restauration du cadran de l'horloge ne sont pas encore près d'être réalisées, il faut s'y résigner en murmurant le proverbe éternellement vrai :

Patience et longueur de temps.......